中学校数学サポートBOOKS

学校数学科

「見方」「考え方」を働かせる

7つの指導術

&

授業ワークシート

広島大学附属
東雲中学校

天野 秀樹 著

明治図書

は じ め に

　本書を手にしていただいた皆様，このたびは，ありがとうございます。

　『中学校数学科 「見方・考え方」を働かせる７つの指導術＆授業ワークシート』は，新学習指導要領を踏まえた中学校数学の授業についてまとめた，全学年・全単元の40の実践集です。実践ごとに，授業の進め方を解説したページとそのまま使えるワークシートにしてあります。授業のネタとして使えるページを，日々の実践で活用していただければと思っています。

　昨今，持続可能な社会を実現することが謳われるようになっています。

　人はなぜ生きているのか。
　人はどのように生きるべきか。
　中学校で学ぶ必要があるのか。
　中学校はどのような形が望ましいか。
　数学を学ぶ必要があるのか。
　中学校の数学はどのように展開されるべきか。

　行く先不透明な社会だからこそ，我々はそれぞれの意味を改めて問い直す必要があります。そこに中学校数学の授業で，「見方・考え方」を働かせる意義が見いだせたとき，本書のような実践集がお役に立つものと思っています。

　人は生まれながらにして数学を使って生活を豊かにする心（見方・考え方）を有しています。例えば，自家用車を購入しようと考えたとします。そのときに，我々は様々な情報をもとに，知恵を絞りながら最適な状態を選択しています。まずは，車の色や外観から好みの車種を選ぶでしょう。また，ローンの返済について計算したり，家族がゆったり乗れるスペースがあるか検討したりするでしょう。

　我々は，そこに数学が使えることを学んできたわけではありません。それにもかかわらず，振り絞った知恵の中に，割合や関数関係，文字 x，累積相対度数，立体の体積…，様々な数学を自然に使っていることがあります。我々は，数学を使うように教えられたわけではありません。人は生まれながらにして，数学を使って少しでも生活を豊かにしようとする心（見方・考え方）を有していると思っています。

　このことが，私が考える中学校で数学を学ぶ意義です。

　本書では，普段中学校で展開されている数学の授業に，ほんの少し工夫を加え，数学的なものの「見方・考え方」を働かせやすくする教材，そして授業展開を紹介しています。

　第1章では，まず，「見方・考え方」を働かせる数学の授業の方向性を示しています。次に，数学の授業で「見方・考え方」を働かせる仕掛けについて，7つの指導術として紹介しています。そして，「見方・考え方」の学習評価について解説しています。
　第2章では，実践ごとに，第1章で紹介した7つの指導術とのリンクを示したうえで，学習の流れや板書例，授業中や授業終了時の生徒の姿などが掲載されてある授業の進め方を解説したページがあります。また，それに対応してそのまま使えるワークシートがあり，全学年・全単元の40の実践を掲載しています。

　これまでには，多くの先生方からご指導，お力添えをいただいてきました。このことには，感謝の気持ちでいっぱいです。特に，広島県の中学校の先生方，広島市の同僚の先生方から様々なことを教えていただき，私は成長させていただいております。本書を執筆するにあたって，お礼を述べさせていただきます。ありがとうございます。
　最後に，私をいつも支えてくれている家族に感謝の気持ちを伝えます。

天野　秀樹

目 次

第2章
「見方・考え方」を働かせる
7つの指導術＆授業ワークシート

1年

2年

3年

第1章
７つの指導術で
数学的な「見方・考え方」が
働き出す！

「見方・考え方」を働かせる数学の授業

　本書は，中学校数学の授業で生徒たちに数学的なものの「見方・考え方」を働かせるアイデアを知りたいとか，授業のネタを増やしたいというように，算数・数学の授業に興味を寄せる方に向けた本です。

　スマートフォンで画面を自由自在に拡大・縮小したり，「うんこドリル」で計算練習したり，我々は算数・数学と身近に関わりながら生活しています。また最近では，新型コロナウイルスの感染について世界中で話題となり，様々なデータがグラフに表して報道され，それらの推移から収束時期が議論されています。この一つの社会現象を取り上げてみても，そこには数学の授業に通じる教材の源が転がっています。

─────　　　なぜ人は数学を学ぶ必要があるのでしょうか　　　─────

　我々の身の回りのちょっとしたところに数学と関連する事柄がひそんでいたり，数学を勉強すること自体が楽しかったり，数学を学ぶきっかけはいろいろあることでしょう。ただ，これからの時代は，スマートフォンで計算機能を活用し，忘れた知識はインターネットで検索して思い出せば，用は済まされる世の中になっています。

　そのような時代に突入しているからこそ，生徒たちに数学的なものの「見方・考え方」を働かせることに，より価値が出てきます。スマートフォンで計算しパソコンのネット検索で知識を確認できても，ものの「見方・考え方」を味わうことは，我々にしかできないこと，我々だからできることなのです。

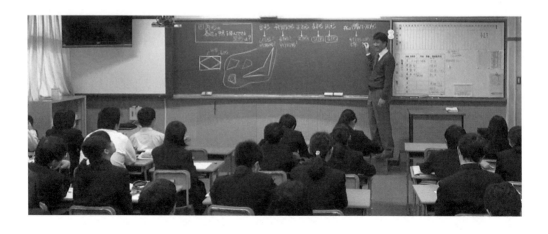

例えば，リンゴを見たときに，赤いとか，美味しそうなどのように考えることがあります。一方で，たくさん欲しいとか，大きいとか，丸いなどのように考えることもあります。ものの「見方・考え方」は多種多様ですが，リンゴを見た捉えにもあるように，人は自然と数・量・形について考えることがあります。数・量・形について自然に考えるのであれば，その感覚を伸ばすことができたときには，我々の生活を豊かにすることにつなげられます。このことは，人が数学を学ぶ意義といえるでしょう。

　新しい学習指導要領に「数学的な見方・考え方」は，「事象を数量や図形及びそれらの関係などに着目して捉え，論理的，統合的・発展的に考えること」とされています。実際の数学の授業では，級友の身長が記されているデータから平均を求めるために基準を定めている場面，係数が小数である１次方程式を解く方法について工夫している場面，反比例のグラフと座標軸の距離を検討している場面，ある模様からパソコンを使用して平行移動させ組み合わせて大きな模様をつくりあげている場面など，具体的な問題から数・量・形の感覚を伸ばすことができるように展開されます。

　数学の授業で毎時間，生徒たちに数学的なものの「見方・考え方」を働かせることができれば，どんなに素敵なことでしょう。それは，生徒たちが数・量・形の感覚を伸ばすとともに，数学の学ぶ意義を実感できることになります。

| コラム |

　「見方・考え方」を働かせる数学の授業をつくる前提には，豊富に検討を進められる教材を掘り起こしたり，選び出したりすることがあります。例えば，次にフィボナッチ数をもとにした教材を挙げます。

　３，５のように２つ好きに数を決めます。
　そして，それらの和を横に並べます。しかも，一の位の数だけ書いて並べていきます。
　このとき，最初の２つの数を３，５とした場合には
　　３，５，８，３，１，４，５，９，４，３，…となります。
　61番目の数から注目すると，３，５，８，３，１，４，５，９，…（楽）

　この教材は，豊富に検討を進められる一つの例です。ただし，実際の数学の授業展開を考えたとき，関数として扱うのか，文字式で扱うのか，統計で扱うのか，単元の選定が大切になります。また，生徒たちにどのように提示すれば思考を促進する意欲づけができるのか，問題提示の方法も大切になります。

　そこで次節に，「見方・考え方」を働かせる指導術を挙げます。

❷. 「見方・考え方」を働かせる7つの指導術

　本節では，数学的なものの「見方・考え方」を働かせる数学の授業をつくるための指導術を7つ紹介します。

〔指導術1〕用語の解説を『仲間分け』に変える

　数学用語の伝達や解説に多くの時間を費やしている実態があります。これら旧来型の授業を『仲間分け』の時間に変えます。この指導術によって，仲間分けで判断する力を磨き，「見方・考え方」を働かせる授業が実現します。教師が用語を解説するよりも，仲間分けで思考を促進する方が，生徒たちの用語の理解につなげられます。

〔指導術2〕『間違い探し』から正しく計算させる

　計算技能の習熟に必要な時間数を特定せずに，計算練習に多くの時間を費やしている実態があります。計算練習の時間を『間違い探し』の時間に変えます。この指導術によって，計算過程で留意するアイデアを確認させることができ，「見方・考え方」を働かせる授業が実現します。

〔指導術3〕文字式の利用題は『魔法の十字架』で関数感覚を磨く

　文字式の利用で扱われる問題場面において，すべての生徒たちに対する到達目標をあいまいなままにして授業が展開されている実態があります。この指導術によって，『魔法の十字架』（関数表）をもとにして，事象の推移を分析する力を最低限伸ばす力として特定することができ，「見方・考え方」を働かせる授業が実現します。

〔指導術4〕『点の移動』でワクワク感を演出する

　類題や適応問題に時間を費やしすぎて年間計画より進度が遅れてしまう場合や，進度を気にするあまり，生徒たちの定着が不十分になってしまう場合があります。数学の醍醐味の一つである『点の移動』による教材を生徒たちが興味を示す形で提示するこの指導術は，生徒たちのワクワク感を引き出し，「見方・考え方」を働かせる授業が実現します。また，最初の問題設定を工夫しているので，限られた時間の中で授業を展開することができ，生徒たちの理解にもつなげられます。

〔指導術５〕『図を使った説明』を自己評価させる

　通常の授業における「見方・考え方」を評価することに困られている実態があります。本書では「図形」領域において生徒たちが興味を示す形で教材を提示して，『図を使った説明』を自己評価させる授業を提案しています。この指導術によって，表面に現れても意識しにくく，評価がしにくいとされる「見方・考え方」が働いたことを，自ら振り返られる授業として実現します。

〔指導術６〕『変化のペース』をつかんで未知のことを推測する

　「関数」領域の学習において，表・式・グラフに表す技能指導やそれらの関係を理解させる指導は大切です。しかし，このような学習のみに終始してしまい，生徒たちに数学を学習する意味をもたせられていない実態があります。『変化のペース』をつかんだところで自己設定型の問いかけをすることによって未知のことを推測する授業を提案しています。この指導術によって，自分のアイデアを俯瞰させて意識させることができ，「見方・考え方」を働かせる授業が実現します。

〔指導術７〕『解答限定型問題』で絞り込む力を磨く

　「データの活用」領域の学習において，データの解釈が多様で答えが定まらないことから，授業の進め方に困られている実態があります。解答を選択式にしたり特定しやすい形にしたりして『解答限定型問題』を提示することで，解答を定める際の根拠を大切にできる授業を提案しています。この指導術によって，生徒たちの絞り込む力を磨き，「見方・考え方」を働かせる授業が実現します。

用語の解説を『仲間分け』に変える

> 〈これまでの授業の疑問点〉
> 知識伝達型に用語を解説すれば，用語を使えるようになるのか？

　忘れた知識はインターネットで検索して思い出せば用は済まされる世の中で，教師が用語を解説し，教えたから覚えておきなさいという講義形式の授業で，生徒たちは用語を理解し活用できるでしょうか？

[「見方・考え方」を働かせる授業]
　アイデア創出型の『仲間分け』活動によって発想を共有しよう！

　『仲間分け』活動は，ＡとＢは同じ仲間である，ＢとＣは同じ仲間でないというように，自分で理由づけしながら仲間かどうかを判断する作業になります。そのアイデアは多様で，発想によっては，授業時間だけでは収まりきらないくらいのアイデアが出されることがあります。また，たとえ同じ仲間分けをしていても，分けた理由が異なっている場合が出てくるのが，この『仲間分け』活動の特徴です。『仲間分け』活動で出されるアイデアが多様だからこそ，級友のアイデアを理解し，確認できることが数学授業の意味になります。

　また，そこで互いに発する言葉をもとに，教師が新出用語として紹介することによって，生徒たちがその後の学習で用語を使う動機づけにできます。

　次に，『仲間分け』活動で用語の解説も行う授業を，１年「平面図形」の学習場面を例に挙げます。

T　次のカードを仲間分けしてみましょう。

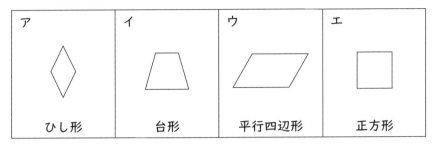

ア	イ	ウ	エ
ひし形	台形	平行四辺形	正方形

S1　アとウとエを仲間にできます。

T　アとウとエはどんな仲間ですか？

S1　向かい合う辺の長さは等しくなっています。

S2　向かい合う辺は平行にもなっています。

T　なるほど，そうですね。アとウとエの向かい合う辺の長さは等しいですね。このような
　　場合，AB＝DCのように表すことができます。そして，アとウとエの向かい合う辺は
　　平行でもありますね。このような場合，AB//DCのように表すこともできます。

S3　他にもあります。アとエは仲間です。

T　アとエはどんな仲間ですか？

S3　はい，アとエは，2つの対角線は垂直に交わっています。

T　なるほど。確かに，アとエの2つの対角線は垂直に交わっていますね。このような場合，
　　AC⊥BDのように表すことができます。

S4　アとエは，対角線でおり返したら2つの三角形がぴったり重なり合う仲間です。

T　そうですね。ぴったり重なり合う2つの図形がある場合には，合同という言葉を使いま
　　す。そして，三角形ABD，三角形CBDというときにも，△ABD，△CBDのように
　　表すことができます。

　このように，教師が講義形式で用語の解説を行うのではなく，『仲間分け』活動の中で生徒
たちが多様に「見方・考え方」を働かせる授業を展開します。『仲間分け』活動によって判断
する力を伸ばすことに加え，用語の理解や定着にもつなげられるのが，この指導術のよさです。

　本書では，1年「平面図形」の垂直・平行，1年「空間図形」の柱体・錐体，2年「文字
式」の次数，2年「四角形」の定義についての4つの実践を紹介します。

『間違い探し』から正しく計算させる

〈これまでの授業の疑問点〉
計算技能を習熟させる練習はどのくらい必要なのか？

　スマートフォンを使えば，方程式の解を自動計算できる世の中で，中学校数学の授業でどれだけの時間を計算指導に費やすのが有効でしょうか。高校入試に対応できる計算技能は最低限必要だとしても，計算の確認テストを毎時間する必要があるでしょうか？

［「見方・考え方」を働かせる授業］
　『間違い探し』から計算技能の獲得度合いを確認しよう！

　問題から解答へ，そして答え合わせ，といったサイクルを何度も繰り返し行えるのが，計算指導の特徴です。したがって，小刻みに正答に辿り着けば自信をつけさせられる内容です。その反面，間違えることもあるし，間違えることから新たな学びがスタートすることもあります。
　間違えることは恥ずかしいことではなく，正しく計算させるためのチャンスです。皿回し芸を考えるとき，皿と回すための棒，そして回すコツを獲得していれば，最初に皿を回し始めると，あとは時折回すだけで皿は回り続けます。『間違い探し』活動によって，計算の捉えを現出することで，正しく計算する方法や原理を確認することができます。また，それらを踏まえて，それぞれの生徒に必要な計算技能の補充度合いを見通すことができます。

　次に，『間違い探し』活動から正しい計算の捉えを確認する授業を，３年「多項式」の学習場面を例に挙げます。

T　次の計算はどこに間違いがありますか？

$$2x(3x-1)-x(x-2) \quad \text{〔問題〕}$$
$$= 6x^2-2x-x^2-2 \quad \text{〔１〕}$$
$$= 6x^2-x^2-2x-2 \quad \text{〔２〕}$$
$$= 6-2x-2 \quad \text{〔３〕}$$
$$= -2x+4 \quad \text{〔４〕}$$
$$= 2x \quad \text{〔答え〕}$$

S１　〔３〕の６にしたところが間違いです。

T　　６にしたところは何が間違いですか？

S２　同類項のまとめ方が違います。

S３　〔答え〕も同類項のまとめ方が違うと思います。

T　　同類項は，正しくはどのようにまとめるのですか？

S４　〔４〕の－2x は文字の項で＋４は数だけの項なので，１つの項にはまとめられません。

S２　〔２〕の$6x^2$と$-x^2$は文字の部分が同じなので，同類項としてまとめられるけれど，分配法則を使って係数を計算するのが正しい計算方法なのに，この計算はできていない。

T　　この計算はできていないのですね。

S１　はい，x^2が入っている項を計算して同類項をまとめているのに，x^2がなくなっているので，間違っています。

T　　わかりました。同類項をまとめるときには，文字の部分が同じときにまとめる，そして，分配法則を使って係数を計算するということですね。

S３　〔１〕もよく見たら，間違っていました。

T　　〔１〕はどこが間違っているのですか？

S４　右側の分配法則のところで，２回かけ算をするところが１回になっています。

　このように，『間違い探し』活動の中で，計算過程で留意する「見方・考え方」を働かせる授業を展開します。そのことによって，正しく計算する方法を生徒たちに自ら獲得させることができます。また，教師がその過程を見取ることができるため，その後の計算指導にかける度合いを推察できることも，この指導術のよさです。

　本書では，「数と式」領域の全単元，１年「正負の数」の計算，「文字式」の計算，「方程式」の計算，２年「文字式」の計算，「連立方程式」の計算，３年「多項式」の計算，「平方根」の計算，「２次方程式」の計算についての８つの実践を紹介します。

〔指導術3〕

文字式の利用題は『魔法の十字架』で関数感覚を磨く

〈これまでの授業の疑問点〉
正答率の低い問題は，何をどのようにできるようにすればよいのか？

　「ストローの総数」のような正答率の低い問題（平成29年度全国学力・学習状況調査では45％）は，思考パターンや表現方法も多様で，すべての生徒たちにすべての内容を獲得させることは難しい実態があります。その際，最低限押さえておきたい事柄は何なのでしょうか？

［「見方・考え方」を働かせる授業］
　『魔法の十字架』（関数表）を使って事象の推移を分析しよう！

　複雑な事象の推移を分析できたときの喜びは大きいものです。数学の醍醐味の一つに，変化の中にひそむパターンを見つけ出すことがあります。文字式の利用題に取り組む授業では，生徒たちが様々に検討している事柄を，『魔法の十字架』（関数表）として──┼────────をかき，関数表に事象をまとめることを提案します。事象が具体的に変化する様子を，関数表に記録することから始めて，すべての生徒たちにそれらにひそむ関係を分析できる場面を設定します。
　「数と式」領域である文字式の利用題では，『魔法の十字架』（関数表）を使って事象が推移する様子を味わわせることに指導の重点事項を定めます。この経験は，その後の「関数」領域の学習にもつながります。

　次に，『魔法の十字架』（関数表）を使って事象の推移を分析する授業を，1年「文字式」の利用における学習場面を例に挙げます。

T　マッチ棒を使って正六角形を横に10個並べるためには，マッチ棒は何本必要ですか？

S1　正六角形が1個，2個，3個とか，いろいろ考えれば求められそう。

S2　正六角形1個で6本，2個で11本です。

S3　正六角形3個で16本です。

S4　5個で何本かなー。

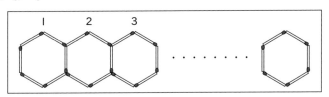

T　それでは，「魔法の十字架」を使って，まとめてみましょう。まず――╂――――を書いて，表の上側に，並べた正六角形の数を書きます。そして，表の下側に，マッチ棒の総数を書いてください。

〜　関数表を作成する作業　〜

T　この表から，並べた正六角形の数とマッチ棒の総数の関係には，何かありますか。

S2　正六角形の数を1個で6本から，2個，3個と増やすにつれて，マッチ棒は5本ずつ増えます。

S3　正六角形の数が0個のとき，マッチ棒は1本だと考えて，そこから正六角形を1個ずつ並べたときに，マッチ棒が5本ずつ増えていくと考えることもできます。

T　なるほど。どちらのアイデアがよいでしょうか？

S1　どちらもよいです。

S4　正六角形を10個並べたときのマッチ棒の総数を求めるためには，S3の方法で1＋5×10で，簡単に求められると思います。

S1　S2の方法でも6＋5×(10－1)で，すぐに求められると思います。

　このように，生徒たちが検討している事柄をもとに，教師が『魔法の十字架』（関数表）にまとめることを促します。そのことによって，すべての生徒たちに関数関係を分析する場面を設定して，関数表をもとにした「見方・考え方」を働かせる授業を展開できることが，この指導術のよさです。

　本書では，1年「文字式」の利用，2年「文字式」の利用，3年「多項式」の利用についての3つの実践を紹介します。

〔指導術4〕

『点の移動』でワクワク感を演出する

〈これまでの授業の疑問点〉
限られた時間で類題や適応問題をどのように扱えばよいのか？

　1つの問題を解決した後に，類題や適応問題に取り組む時間を十分に確保できないことがあります。これは時間設定に問題があるのか，類題や適応問題の量が多いからなのか，あるいは，最初の問題提示に工夫がまだ必要なのでしょうか？

[「見方・考え方」を働かせる授業]
　『点の移動』教材を生徒たちが興味を示すように提示しよう！

　『点の移動』によって，目を動かすことに加えて，我々の思いも動かされます。もしICT機器を使用して自由自在に点を動かすことができれば，生徒たちのワクワク感は最高潮になるでしょう。『点の移動』を扱った教材は，動きに伴って答えがどんどん変わります。また，動きに関わらず全然答えが変わらないこともあります。さらには，その事象にひそむ関係が保たれていることもあり，数学独特の特性が満載の内容です。

　類題や適応問題を最初の問題にまとめ，発問を工夫して『点の移動』を扱う問題を提示します。そうすれば授業の終了時には，「もし，点が○○○に動いた場合はどうなる？」と，さらに点を動かそうとする生徒たちの探究する姿勢が見られます。

　次に，『点の移動』教材を生徒たちが興味を示すように問題提示する授業を，2年「1次関数」の学習場面を例に挙げます。

T　点 P を A から B まで動かしてみますよ。そのとき，△ APD の面積はどうなりますか？　皆さん，片方の手を動かしながら表現してみてください。
（S の大勢が片方の手を動かす）

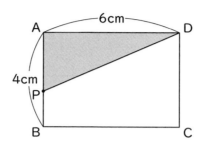

T　S 1 さん，その手の動かし方は，どういうことですか？
S 1　はい，徐々に徐々に面積が大きくなっているということです。
S 2　同じ，一定のペースで面積が広がっていきます。
S 1　そうです。同じペースで徐々に面積が大きくなっていきます。
T　そうですね。それでは，面積が 3 になるときは A から何 cm 動いたときですか？
S 3　はい，1cm 動いたときです。
S 4　1cm 動いたときには，6×1÷2 をして 3 になるから，1cm でよいと思います。
T　なるほど，確かにそうですね。それでは，点 P を A から B，B から C，C から D と動かしていくとき，面積が 9cm^2 になる瞬間はありますか？
S 1　はい，9cm^2 になる瞬間はあります。
T　それでは，これから図を使って，点 P を A から D まで動かしてみます。皆さんは，面積が 9cm^2 になった瞬間に片手を挙げてみてください。それでは，準備はよいですか？
S 3　待ってください。質問です。手を挙げるのは 1 回だけしか駄目ですか？
T　1 回なら 1 回挙げてください。何回もあるなら，何回も挙げてください。

　このように『点の移動』教材を，手を動かしたり，手を挙げたりするような全員参加型の発問をすることによって，生徒たちが教材に没頭するような授業を展開します。『点の移動』教材に生徒たちが興味を示す過程で，動きの中にある事象の特性に多様な「見方・考え方」を働かせることができます。このことが，この指導術のよさです。

　本書では，1 年「比例」の利用，2 年「1 次関数」の利用，2 年「平行線と角」，3 年「2 次方程式」の利用，3 年「三角形と比」，3 年「円周角の定理」についての 6 つの実践を紹介します。

『図を使った説明』を自己評価させる

〈これまでの授業の疑問点〉
「見方・考え方」の評価は通常の授業でどのように行うのが有効か？

　数学的なものの「見方・考え方」を働かせることを授業の中心に位置づける思いがあっても，「見方・考え方」は表面に現れにくくて，評価しづらい場合があります。通常の授業における「見方・考え方」の評価には，どのような方法があるのでしょうか？

[「見方・考え方」を働かせる授業]
　興味をひく課題に没頭させて『図を使った説明』を仕組もう！

　評価を考えるうえでの大前提は，授業の目標や目指す生徒の姿が明確になっていることです。目標に向けての達成度を知ることを評価と考える場合に，「図形」領域における「見方・考え方」の評価は参考にできます。表面に現れていても教師が捉えにくい側面をもつ生徒たちの「見方・考え方」は，「図形」領域であれば，具体的な図を使って口頭や記述の表現で説明させることができます。その説明させる活動の質は，生徒たちの発達段階を踏まえたうえで，1年は自分なりの説明，2年・3年は筋道立てた説明を設定します。

　そのうえで授業の終了時に，自分が考えたことを説明できたかについて，◎・○・△で選択させ，具体的に説明が書けた箇所を□で囲ませる自己評価の方法を提案します。

　次に，『図を使った説明』を仕組んだ授業について，3年「円周角の定理」で星形多角形を教材にした学習場面を例に挙げます。

T　S1さんとS2くん，S3さんの解き方を黒板に書いてもらいました。それぞれのような解き方なのか，教えてください。

S4　S1さんの解き方は，まず補助線 DE を引いて，同じ弧に対する等しい円周角を移すことから，三角形の内角の和に変形させて180°と求めています。S2くんの解き方は，5つの円周角をすべて中心角に移すと360°になることから，和は180°になると求めています。

S5　S3さんの解き方は，正星形五角形を考えて，1つ分の中心角は360°÷5の72°から，円周角はその2分の1で36°だから，その5つ分で180°と求めています。

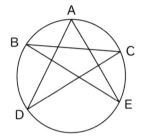

T　そうですね。皆さん，どの解き方がよいと思いますか？

S4　どの解き方も180°と，正解が求められているのだからよいと思います。

S5　でも，S3さんの正星形五角形で考える解き方は，特別な図形で考えているので，いろいろな星形五角形の場合を考えたことにはならないと思います。

S4　それは，どういうことですか？　S3さんの解き方は悪いということですか？

S5　悪くはないけれど，正星形五角形の場合に180°とわかっただけだと思います。

S4　でも，そもそも円周上になくても，星形五角形はくさび形の角のように考えて，三角形の内角の和に変形させて180°と求めることができます。そのように考えたら，円周上になくても，あっても，いつも180°とわかるので，どんな解き方でもよいと思います。

T　なるほど，他の生徒の皆さんは，どう思いますか？

　このように，同じ弧に対する円周角や補助線 DE を引くなど，具体的な図と言葉，特に数学の用語を併用して生徒たちが説明する授業を展開します。『図を使った説明』活動によって，生徒たちが働かせる「見方・考え方」を多く現出させられることが，この指導術のよさです。

　本書では，1年「移動」，1年「作図」，1年「おうぎ形」，1年「空間図形」，2年「多角形の角」，2年「直角三角形」，2年「平行四辺形」，3年「三角形と比」，3年「中点連結定理」，3年「円周角の定理」，3年「三平方の定理」についての11の実践を紹介します。

『変化のペース』をつかんで未知のことを推測する

〈これまでの授業の疑問点〉
生徒たちが学習する意味を見いだせるようにするにはどうしたらよいか？

　何のために数学を勉強するのか，受験以外の理由を知りたいという生徒たちからの質問がよくあります。授業で未知のことを推測し，思い巡らせる場面を設定できれば，自らの数学学習を価値づけられるのではないでしょうか？

[「見方・考え方」を働かせる授業]
　『変化のペース』を捉え関数とみなす活動から自己設定型の問いかけをしよう！

　日々何気なく生活していても，少し機転を利かせれば物事が違って見えることがあります。日常の事象で変化している事柄を関数として捉え，問題解決の道筋を立てられることは，数学の醍醐味の一つです。例えば，プロ野球の試合を観戦する際に，入場口の待ち時間（比例）やホームランボールの高さ（2乗に比例）など，関数のアンテナを張り巡らせたときには，関数関係で捉えられる事象は無数に存在します。

　日常の中にある伴って変わる2つの数量から，『変化のペース』を捉えて関数とみなすことができれば，我々はその関数関係を利用できるようになります。さらに，自分事として日常の事象と関わることができれば，学習する意味を実感でるようになります。

　次に，『変化のペース』を捉え関数とみなす活動をもとにしてグラフに表す授業を，2年「1次関数」の利用における学習場面を例に挙げます。

T　エスカレーターを使って6階の本屋に到着する時間と階の関係は，グラフで表すことができました。それでは，30秒後に動き始めるエレベーターが4階に到着する時間は何秒後でしょうか？

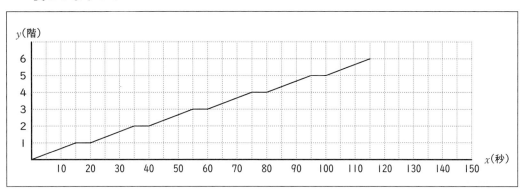

S1　エスカレーターは，同じペースで1つの階を上っていきました。エレベーターも，同じペースで上に向かっていくと考えていいでしょうか？

S2　同じペースと考えてよいでしょう。

T　はい。上に向かって同じペースで1つの階を5秒で上がっていきます。

S1　それなら，グラフは30秒のところから直線を引いて考えられるということになる。

S2　比例のように直線で考えられるでしょう。40秒でエスカレーターに追いつきます。

S3　グラフは直線で考えられるなら，30秒のところから定規を置いたらエレベーターの動きがわかるということだよね。

S4　なるほど，定規を置いてみたら50秒後に4階に到着することになりますね。でも，このエレベーターは，途中で止まったりすることはないのでしょうか？

T　そうですね。実際には，他のお客さんと一緒に乗って，他のお客さんが先に降りるときには，その降りる時間の分だけ止まっていることになりますね。

　このように，日常の中にある伴って変わる2つの数量から『変化のペース』を捉えて関数とみなす活動を授業に位置づけます。関数とみなす活動によって必然と生徒たちが「見方・考え方」を働かせる場面が現れることが，この指導術のよさです。また，日常の事象を『変化のペース』をつかむことから未知の問題に立ち向かうことは意義深い体験になります。

　本書では，「関数」領域の全単元，1年「比例」，「反比例」の利用，2年「1次関数」の利用，3年「2乗に比例する関数」の利用についての4つの実践を紹介します。

〔指導術７〕

『解答限定型問題』で絞り込む力を磨く

〈これまでの授業の疑問点〉
答えが定まらない問題をどのように扱えばよいのか？

「データの活用」領域の学習に多い内容ですが，日常に関わる問題や将来を推測する問題について，答えが１つに定まらないことがあります。このような学習において重視すべきことは何なのでしょうか？

[「見方・考え方」を働かせる授業]
『解答限定型問題』に取り組み，授業中に何度も結論を問いかけよう！

　日常の事象を問題視したり，生活を豊かにしようと将来を推測したりする際に統計のアイデアは頻繁に使われています。統計データを収集する方法も多様にあります。

　例えば，新聞や広告，テレビや他教科の教科書など，身の回りに意識を向けると，気になるデータや生活を豊かにするうえで必要なデータが存在します。私たちが問題視する事柄には答えが明確に定められないことがあります。だからこそ，解答限定型問題（例えば，ＡかＢか，２から６のどれか）に取り組んで自分なりの結論を定め，箱ひげ図や分布表，代表値やヒストグラムなどの統計ツールを用いて理由づけする経験に価値が出てきます。また，これらの授業を繰り返し行うことによって，生徒たちの絞り込む力を伸長することができます。

　次に，『解答限定型問題』に取り組んで結論を話し合う授業を，１年「ヒストグラムと代表値」の利用における学習場面を例に挙げます。

T 　　A選手とB選手のうち，スキージャンプの大会に出場する選手はどちらを選びますか？

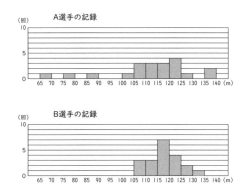

	A選手	B選手
中央値	114.5	115
平均値	112	117
最頻値	122.5	117.5
最大値	139	133
最小値	67	106

（平成24年度全国学力・学習状況調査を改題）

S1 　A選手です。最大値の139をはじめ，好記録をいくつも残しているからです。

S2 　私はB選手です。ヒストグラムを見ると，115〜125付近で安定して記録を出しています。

S3 　僕もB選手です。中央値は同じくらいだけど，平均値でかなり上回っていて安定しています。

S4 　それならA選手だと思います。最頻値はA選手の方が上回っているからです。

T 　　なるほど。いろいろな意見を聞くことができました。それらを踏まえて，皆さんはA選手を選びますか？　B選手を選びますか？

S3 　S4さんはなぜ最頻値で決めるのですか？　僕は，平均値の方が安定していてよいと思います。

S4 　このデータは20回分の記録だけど，大会ではそんなに多くジャンプしないので，持久力のように平均値を比べるより，頻繁に出している記録として最頻値で選ぶ方がよいと思います。

S1 　僕は最大値がよいと思っていたけど，S2さんが言うようにヒストグラムで見て，結構右側に安定して集まっているから，B選手もよいと思って今迷ってきました。

T 　　いろいろな注目点が出されていますね。いったい，どこに注目して選ぶのがよいのでしょう？

　このようなA選手かB選手かのように解答を選択させる問題を提示して，解答を定める根拠を議論するような授業を展開します。授業中に何度も結論を問いかければ，生徒たちは結論を定めるための理由を探り始め，「見方・考え方」を働かせるようになるのが，この指導術のよさです。

　本書では，1年「ヒストグラムと代表値」の利用，2年「確率」，「箱ひげ図」の利用，3年「標本調査」の利用についての4つの実践を紹介します。

❸.

「見方・考え方」を働かせる授業と学習評価

　本節では，数学的なものの「見方・考え方」を働かせる数学の授業が実現したときの学習評価に対する基本的な捉え方や実際に現出する「見方・考え方」の内容を紹介します。そのうえで，日々の数学の授業で使える「見方・考え方」の評価方法について提案します。

（1）日々の数学の授業で行う学習評価の捉え方

　数学の授業は，生徒たちと教師が数学を介した捉えを進めていく時間です。その空間では，教師の意図した目標から数学教材が提示されます。また，教師による厳選された発問によって，生徒たちの表現物（例：発話やワークシート・授業ノートなど）に「見方・考え方」が現出します。数学の授業では，成績をつけるためだけに評価をするわけではなく，「見方・考え方」を働かせたり，さらに伸長させたりする活動が，日々行う学習評価です。これらのことは，次の図のように表すことができます。

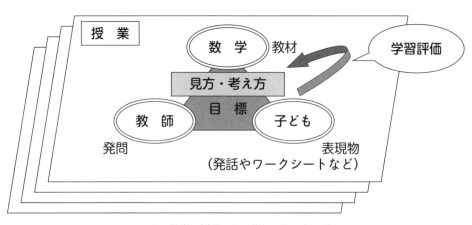

日々の数学の授業で行う学習評価の捉え方

（2）7つの指導術によって働かせる「見方・考え方」の内容

　数学の授業において課題をより簡潔にしたい，より明確にしたい，より統合されたものにしたいという心情にかられることがあります（中島，1981）。この心情がわいているときは，数学的なものの「見方・考え方」が働いているときといえます。このことは，「数学的な見方・考え方」は論理的，統合的・発展的に考えること（文部科学省，2017）としている新しい学習指導要領と同じ方向です。

数学の授業で現出される「見方・考え方」の内容は多種多様です。

その内容は，単位の考え〔構成要素の大きさや関係に着目する〕，表現の考え〔表現の基本原理に基づいて考えようとする〕，操作の考え〔ものや操作の意味を明らかにしたり，広げたり，それに基づいて考えようとする〕，アルゴリズムの考え〔操作のしかたを形式化しようとする〕，概括的把握の考え〔ものや操作の方法を大づかみにとらえたり，その結果を用いようとする〕，基本的性質の考え〔基本的法則や性質に着目する〕，関数的な考え〔何を決めれば何が決まるかということに着目したり，変数間の対応のルールを見つけたり，用いたりしようとする〕，式についての考え〔事柄や関係を式に表したり，式をよもうとする〕の8つに網羅できるとまとめられています（片桐，1988）。

そこで，7つの指導術と数学的な考え方の内容（片桐，1988）との関係を，次の図のように表すことで，7つの指導術によって働かせる「見方・考え方」の内容を示します。

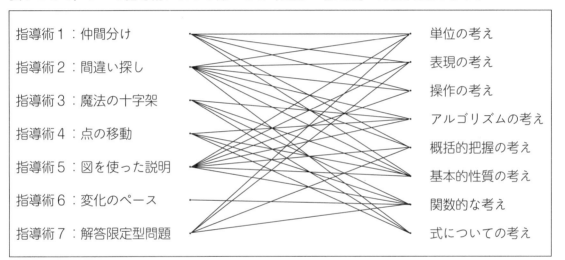

7つの指導術と数学的な考え方の内容（片桐，1988）との関係

（3）日々の数学の授業で行う学習評価のアイデア

数学の授業で実際に行う「見方・考え方」の評価方法について，気軽に継続して実施できるアイデアを挙げます。

そのアイデアは，振り返りを工夫することです。振り返りの時間を使って，自分で考えたことをまとめ直したり，ポイントになる部分に下線を引いたりさせます。また，それをもとに生徒相互に交流させたり，教師からコメントしたりすることも有効な評価方法です。本書の指導術5では，学習評価について扱っていますので参照してください。その他のアイデアとして，机間指導のタイミングや声かけ・ほめ方といった指導術もあります。

教師が授業中に評価を行うときには，評価規準が必要になります。その評価規準は，『「指導と評価の一体化」のための学習評価に関する参考資料　中学校数学』（国立教育政策研究所，2020）の巻末資料を参考にできます。しかしながら教師は，１時間の授業に対する評価規準を明確にして臨む必要があります。次に，一つの事例を挙げます。

実践時期	2年：平行線と角のまとめ
教　　材	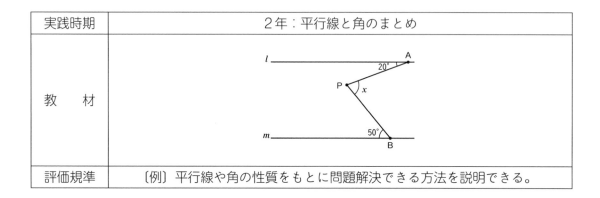
評価規準	〔例〕平行線や角の性質をもとに問題解決できる方法を説明できる。

　この事例では，評価規準を，問題解決できる方法を説明できることにしています。同じ教材を扱ったとしても評価規準を，見つけた解決方法の数にしたり，補助線などの解決過程のアイデアにしたり，既習事項の利用にしたり，様々に設定できます。評価規準の設定は，教師が生徒たちをどのように伸ばしたいかといった本時の目標に対応させることで決められます。

（4）第2章の読み方

　第2章では，中学校の数学の授業について，全学年・全単元の40の実践例について紹介しています。実践ごとに，授業の進め方を解説したページとそのまま使えるワークシートによって構成されています。授業を解説したページの特徴は，授業中や授業終了時の生徒の姿，リンクしている指導術，学習の流れ，授業を上手に進めるための工夫，板書例を挙げていることです。

【参考文献】
・中島健三（1981），算数・数学教育と数学的な考え方：その進展のための考察，金子書房
・文部科学省（2017），中学校学習指導要領解説　数学編
・片桐重男（1988），数学的な考え方の具体化，明治図書
・国立教育政策研究所（2020），「指導と評価の一体化」のための学習評価に関する参考資料　中学校数学

第2章
「見方・考え方」を働かせる
７つの指導術＆
授業ワークシート

「正負の数」の計算

> **授業中の生徒の姿**
>
> 計算間違いの箇所を見つけて正しい計算方法を確認する
>
> **終了時の生徒の姿**
>
> 正しく計算する方法とその意味を捉える

本時の位置づけ＆進行上の工夫

　本時は，1年「正負の数」の計算における最終段階に扱うことができます。加減乗除の計算のきまりや累乗の表し方，項として計算式を見る捉え，逆数の表し方や分配法則などの計算に困難を見せることが想定されます。そこで，間違い探しをする活動によって，正しい計算方法を確認するとともに，改めてその計算方法でよい意味を確認させる機会にします。また，計算のきまりや計算法則など，小学校で学習したことを負の数が導入されても同様に扱えることも確認したいことです。本時の学習過程で，それぞれの生徒に必要な補充度合いを見取ることから，その後の計算に関する個別の指導計画を構想できます。

学習の流れ

□　授業ワークシートで『間違い探し』をして，仲間と交流する

□　間違いや正しい計算方法，意味を全体共有する

□　必要な計算技能を個別に確認し，具体的問題で学習計画を立てさせる

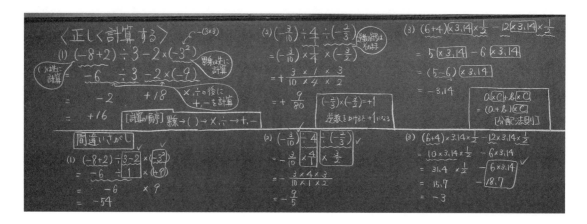

間違い探し

1年（　　）組（　　）番　　名前（　　　　　　　　　　　　　　　　）

□　次の計算は途中に間違いがあります。
　　間違っているところに印をつけましょう。

(1) $(-8+2) \div 3 - 2 \times (-3^2)$

　$= -6 \div 1 \times (+9)$

　$= -6 \times 9$

　$= -54$

(2) $(-\frac{3}{10}) \div 4 \div (-\frac{2}{3})$

　$= -\frac{3}{10} \times \frac{4}{1} \times \frac{3}{2}$

　$= -\frac{3 \times 4 \times 3}{10 \times 1 \times 2}$

　$= -\frac{9}{5}$

(3) $(6+4) \times 3.14 \times \frac{1}{2} - 12 \times 3.14 \times \frac{1}{2}$

　$= 10 \times 3.14 \times \frac{1}{2} - 6 \times 3.14$

　$= 31.4 \times \frac{1}{2} - 6 \times 3.14$

　$= 15.7 - 18.7$

　$= -3$

□　次の計算をしなさい。

(1) $(-8+2) \div 3 - 2 \times (-3^2)$

　$=$

(2) $(-\frac{3}{10}) \div 4 \div (-\frac{2}{3})$

　$=$

(3) $(6+4) \times 3.14 \times \frac{1}{2} - 12 \times 3.14 \times \frac{1}{2}$

　$=$

「文字式」の計算

> **授業中の生徒の姿**
>
> 計算間違いの箇所を見つけて正しい計算方法を確認する
>
> **終了時の生徒の姿**
>
> 正しく計算する方法とその意味を捉える

本時の位置づけ＆進行上の工夫

　本時は，1年「文字式」の計算における最終段階に扱うことができます。文字式の表し方のきまりや項として式を見る捉え，計算法則などの計算に困難を見せることが想定されます。そこで，間違い探しをする活動によって，正しい計算方法を確認させる機会にします。文字式の計算の意味を捉えられず，やり方を覚えるしかないと考えてしまうと，計算技能の向上につながりにくいです。そこで，いろいろな数を当てはめたり，図を使って考えたりさせて，生徒をアシストしたいです。本時の学習を利用して，それぞれの生徒に必要な補充度合いを見取ることから，その後の計算に関する個別の指導計画を構想できます。

学習の流れ

　□　授業ワークシートで『間違い探し』をして，仲間と交流する

　□　間違いや正しい計算方法，意味を全体共有する

　□　必要な計算技能を個別に確認し，具体的問題で学習計画を立てさせる

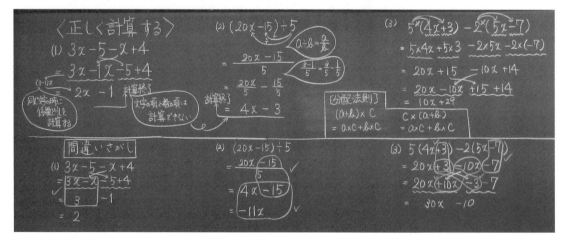

間違い探し

□　次の計算は途中に間違いがあります。
　　間違っているところに印をつけましょう。

(1) $3x - 5 - x + 4$

$\quad = 3x - x - 5 + 4$

$\quad = 3 - 1$

$\quad = 2$

(2) $(20x - 15) \div 5$

$\quad = \dfrac{20x - 15}{5}$

$\quad = 4x - 15$

$\quad = -11x$

(3) $5(4x + 3) - 2(5x - 7)$

$\quad = 20x + 3 - 10x - 7$

$\quad = 20x + 10x - 3 - 7$

$\quad = 30x - 10$

□　次の計算をしなさい。

(1) $3x - 5 - x + 4$

$\quad =$

(2) $(20x - 15) \div 5$

$\quad =$

(3) $5(4x - 3) - 2(5x - 7)$

$\quad =$

「文字式」の利用～ストローの総数

> **授業中の生徒の姿**
>
> 　正方形の数に対するストローの総数を探る
>
> **終了時の生徒の姿**
>
> 　並べた図形の数とストローの総数との関係を捉える

本時の位置づけ＆進行上の工夫

　本時は，1年「文字式」の学習のまとめとして最終段階に扱うことができます。まず，正方形の数に対するストローの総数を"縦の対"にして板書することで，関数表を使って分析する必然性を出します。そのうえで，魔法の十字架として関数表を紹介して，表を利用しながらストローの総数を求めた根拠を議論する形で進めていけば，関数表にひそむ関係が生徒たちから出されます。

学習の流れ

□　具体物を使って課題を全体確認する

□　授業ワークシートで正方形の数に対するストローの総数を考える

□　関数表を使って分析することを全体に紹介する

□　ストローの総数を求めた根拠を全体で共有する

　（アイデア例）$1+3n$，$4+3(n-1)$，$1+2n+n$ についての具体表現

　　　　　　　3本ずつ増える，上下2本ずつ増える，正方形の数の3倍に関係する

□　マッチ棒の問題に取り組む

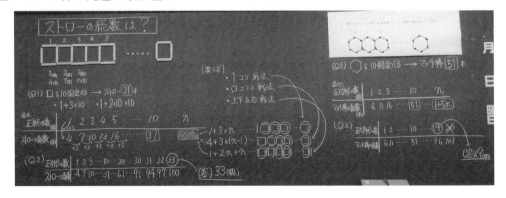

ストローの総数は？

１年（　　）組（　　）番　　名前（　　　　　　　　　　　　　　）

□　次の図のようにストロー100本を使って，正方形を横に並べていきます。

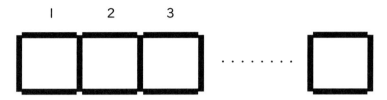

（Ｑ１）正方形を横に10個並べるとき，ストローを何本使っていますか。

（Ｑ２）ストロー100本を使うとき，正方形は横に何個並べられますか。

並べた正方形の数　（個）	1	2
ストローの総数　（本）		

□　次の図のようにマッチ棒100本を使って，正六角形を横に並べていきます。

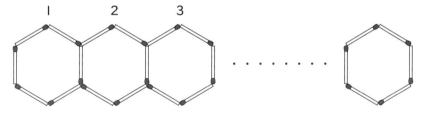

（Ｑ１）正六角形を横に10個並べるとき，マッチ棒を何本使っていますか。

（Ｑ２）マッチ棒100本を使うとき，正六角形は横に何個並べられますか。

並べた正六角形の数　（個）	1	2
マッチ棒の総数　（本）		

「方程式」の計算

授業中の生徒の姿
計算間違いの箇所を見つけて正しい計算方法を確認する

終了時の生徒の姿
正しく計算する方法とその意味を捉える

本時の位置づけ＆進行上の工夫

　本時は，1年「方程式」の計算における最終段階に扱うことができます。等式の性質の利用の仕方や移項の計算で困難を見せることが想定されます。そこで，間違い探しをする活動によって，正しい計算方法を確認させる機会にします。方程式の計算は，同値に変形表現するこれまでの計算とは異なり，左辺と右辺の間を等しく保ったうえで解を導き出す計算です。方程式の計算を学習した後に，分数の文字式計算で分母を払って結果を出してしまう生徒が出ることを想定する必要も出てきます。本時の学習を利用して，それぞれの生徒に必要な補充度合いを見取ることから，その後の計算に関する個別の指導計画を構想できます。

学習の流れ

- ☐ 授業ワークシートで『間違い探し』をして，仲間と交流する
- ☐ 間違いや正しい計算方法，意味を全体共有する
- ☐ 必要な計算技能を個別に確認し，具体的問題で学習計画を立てさせる

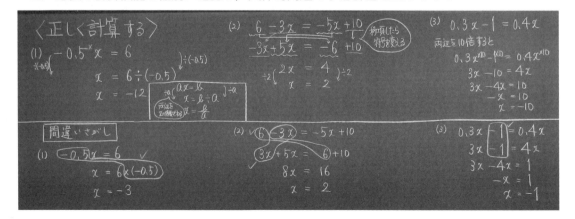

間違い探し

１年（　　）組（　　）番　　名前（　　　　　　　　　　　　　　）

□　次の計算は途中に間違いがあります。
　　間違っているところに印をつけましょう。

(1)　$-0.5x = 6$

　　　　$x = 6 \times (-0.5)$

　　　　$x = -3$

(2)　$6 - 3x = -5x + 10$

　　　$3x + 5x = 6 + 10$

　　　　$8x = 16$

　　　　$x = 2$

(3)　$0.3x - 1 = 0.4x$

　　　$3x - 1 = 4x$

　　$3x - 4x = 1$

　　　　$-x = 1$

　　　　$x = -1$

□　次の方程式を解きなさい。

(1)　$-0.5x = 6$

(2)　$6 - 3x = -5x + 10$

(3)　$0.3x - 1 = 0.4x$

「比例」の利用〜動く歩道

授業中の生徒の姿
時間に伴ってAさんやBくんが移動する距離を探る
終了時の生徒の姿
時間と2人の距離間との関係を捉える

本時の位置づけ＆進行上の工夫

　本時は，1年の関数学習のまとめとして最終段階に扱うことができます。まず，移動時間を点で表す数直線を準備します。そして，その数直線上の点を動かしながら，事象を寸劇で表現したり，時間と移動距離について考えたり，それらの関係を表・式・グラフに表したりします。例えば，教師が点を動かした際に，Aさんが20m動いた瞬間にだけ挙手しなさい，といった発問を全体にすれば，生徒たちの解決意欲が増大します。同じテンポで，「○○○の場合は？」と探究する姿勢を継続させるようにします。

学習の流れ

- □　数直線上の点を動かしながら課題を全体確認する（例：寸劇）
- □　授業ワークシートで時間と移動距離について考える
    - ・Bくんの20秒後の移動距離　　・Aさんが20m動いた時間
- □　時間と移動距離の関係を，表・式・グラフを用いて全体共有する
- □　（Q）や問題「動く歩道を使うか？」に取り組む

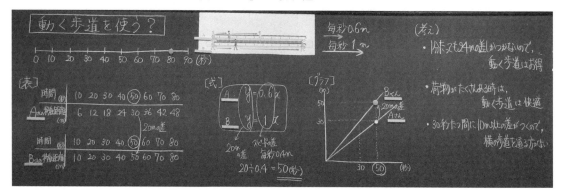

動く歩道を使いますか？

1年（　　）組（　　）番　　名前（　　　　　　　　　　　　　　　）

□　AさんとBくんは空港の中を歩いています。

　　今からAさんは，長さが50mあり，毎秒0.6mの速さで動いている「動く歩道」で移動します。

　　同時にBくんは，その横の歩道を毎秒1mの速さで歩いて移動します。

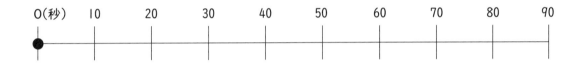

O（秒）　　10　　　20　　　30　　　40　　　50　　　60　　　70　　　80　　　90

[グラフ]

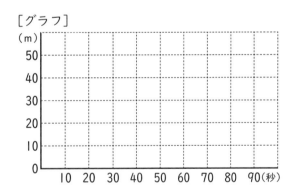

（Q）AさんよりBくんが20m前に先に進むのは，何秒後でしょうか。

「比例」の利用〜身長当て問題

> **授業中の生徒の姿**
> 身長と上腕骨の長さの関係が同じペースで変化しているかを探る
> **終了時の生徒の姿**
> 比例の関係を捉えたうえで，周りの人の身長を当てようとする

本時の位置づけ＆進行上の工夫

　本時は，比例のまとめとして最終段階に扱うことができます。電卓やメジャーなどの測定道具，生徒の人数分の磁石を準備したうえで，まず，自分の身長や上腕骨の長さを実測させ，黒板に磁石でプロットさせます。次に，男子や女子ごとの集団としての傾向を『変化のペース』として分析させる時間を十分に確保します。そのうえで，x軸を上方向に平行移動させ，合意形成できる範囲でプロットした様々な点を比例のグラフとして捉えられるか確認していきます。この体験により，身の回りの事象を比例とみなして問題解決できることを実感させたい。

学習の流れ

- □　課題を全体で確認し，身長と上腕骨の長さの関係が探られてきたことを知る
- □　（Q1）身長と上腕骨の長さを黒板にプロットし，全体の変化のペースを探る
- □　（Q2）身長と上腕骨の長さの関係を式に表し，全体で共有する
- □　（Q3）本時の比例関係の活用計画を授業ワークシートにまとめる

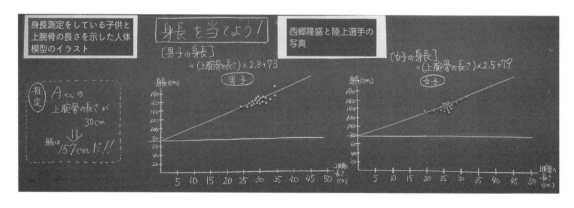

身長を当てよう！

1年（　　）組（　　）番　　名前（　　　　　　　　　　　　　）

□　太郎くんと花子さんは，身長を知りたいと思いました。

[男子の身長]＝(上腕骨の長さ)×2.8＋73
[女子の身長]＝(上腕骨の長さ)×2.5＋79

↳このような情報を知ったので，確かめてみることにしました。

（Q1）上腕骨や身長を測り，自分や仲間の情報を点で表してみましょう。

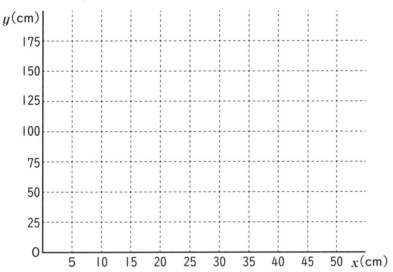

（Q2）上のグラフから，身長と上腕骨の長さの関係を式に表してみましょう。

[男子の身長]＝(上腕骨の長さ)×[　　　]＋[　　　]
[女子の身長]＝(上腕骨の長さ)×[　　　]＋[　　　]

（Q3）授業が終わった後，誰の上腕骨の長さを測って身長を当てますか。

「反比例」の利用～災害対策計画

> **授業中の生徒の姿**
>
> 収容面積に対する収容人数の変化のペースを探る
>
> **終了時の生徒の姿**
>
> 反比例の関係を捉えたうえで，感染予防を考えた災害対策を立てようとする

本時の位置づけ＆進行上の工夫

　本時は，反比例のまとめとして最終段階に扱うことができます。新型コロナウイルス感染やSDGs の話題とともに社会や地球で生活する1人として，社会問題や災害対策に焦点を当てた授業を展開します。まず，実際に避難所で生活するようになるケースを自分事として捉え，周りの方々との共生をも配慮して1人当たりの収容面積を想像させるようにします。また，収容面積に対する収容人数の変化のペースが，一定でないことを味わわせるようにします。これらの一連の活動をもとにして，身の回りの事象を反比例とみなして問題解決できることを実感させるようにします。

学習の流れ

- □　課題を全体で確認し，授業ワークシート（Q1）に取り組む
- □　周りと交流し，収容面積に対する収容人数の変化のペースを探る
- □　収容面積と収容人数の関数関係を全体で共有する
- □　（Q2）授業ワークシートに反比例の関係を活用した自己設定をする

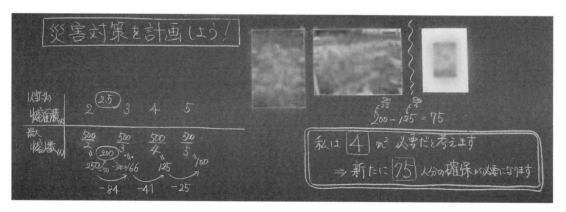

災害対策を計画しよう！

1年（　　）組（　　）番　　名前（　　　　　　　　　　　　　　）

□　太郎くんの家は，避難所が中学校体育館になっています。

　　もし，避難しなければならない状況になったとき，体育館の生活スペースは床面積500m^2 です（歩いて移動するスペースなどは除きます）。

（Q1）太郎くんの自治体では，1人当たりの収容面積を2.5m^{2}にするように定められています。しかし，前回太郎くんが避難したときには1人当たりの収容面積は2m^{2}でした。それぞれの最大収容人数を，表にうめましょう。

1人当たりの収容面積（m^2）	2	2.5
最大収容人数　　（人）		

□　太郎くんの自治体では感染症の予防を考えて，1人当たりの収容面積を2.5m^{2}より広くしようと考えています。もし広くした場合，2.5m^{2}のときよりも最大収容人数が減るので，新たな避難所を確保する必要が出てきます。

（Q2）感染症の予防を考えて実際に避難したとき，1人当たりの収容面積をあなたは何m^{2}必要だと考えますか。また，そのときに新たに何人分の避難所を確保する必要が出てきますか，自分で設定しましょう。

私は　　□□□□　m^{2}必要だと考えます

⇒　新たに　□□□□　人分の確保が必要になります

「平面図形」の垂直・平行

授業中の生徒の姿

各図形の共通点や違いがどこかにあるかを探す

終了時の生徒の姿

図形について考えたことを，新出用語も踏まえながら整理する

本時の位置づけ＆進行上の工夫

　本時は，「図形」領域の導入として扱うことができます。授業ワークシートにあるア〜オの5つの図形を拡大してフリップにすれば，仲間分けしたアイデアを黒板上で全体共有できます。⊥，//，∠，△の記号，線分，直線の用語など，多くの新出用語・記号が出てくるため，仲間分けの発想を，教師が新出用語を取り入れながら確認する形で進めていきます。そうすることで，その後の移動や作図の学習で，生徒たちが気軽に用語を使おうとする意欲につなげられます。

学習の流れ

　　□　授業ワークシートで『仲間分け』活動をする

　　□　フリップを使ってアイデアを全体共有する

　　（アイデア例）辺の長さは等しい，対辺は平行，対角線は垂直に交わる

　　　　　　　　　線対称・点対称，対角は等しい，対角線の交点は中点

　　□　仲間分けの発想を新出用語とともに確認する

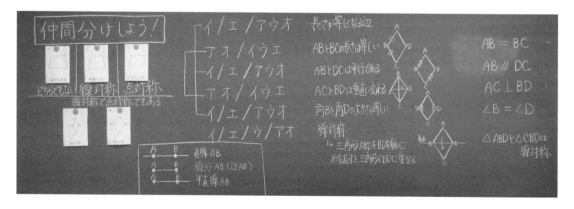

仲間分けしよう！！

I年（　　）組（　　）番　　名前（　　　　　　　　　　　　　　　　）

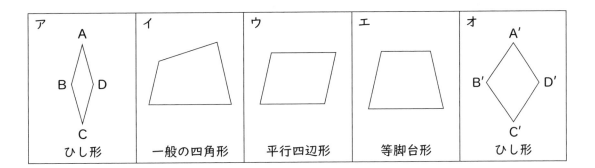

ア	イ	ウ	エ	オ
ひし形	一般の四角形	平行四辺形	等脚台形	ひし形

〔例〕　イ　／　エ　／　ア　ウ　オ　　（辺の長さは等しい）

―――――――――――――――――――――――――――――――――――――

〔用語・記号を整理して，これからの学習で使っていきましょう！〕

言　葉	図　形	用語・記号
AB と BC の長さは等しい		AB　　BC
AB と DC は　　　である		AB　　DC
AC と BD は　　　に交わる		AC　　BD
角 B と角　　の大きさは等しい		
三角形 ABD をおり返すと 三角形 CBD に重ね合わさる		ABD をおり返すと CBD に重ね合わさる

　2点 A，B を通る直線を＿＿＿＿ AB といい，

　辺 AB のことを＿＿＿＿ AB という。

　また，それを B の方へまっすぐに限りなくのばしたものを

＿＿＿＿ AB という。

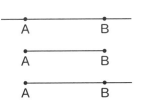

「移動」〜麻の葉模様

授業中の生徒の姿
どの移動で何番に移動するかを具体的な図を使って探る

終了時の生徒の姿
移動もと・移動の種類・移動先をセットで捉える

本時の位置づけ＆進行上の工夫

　本時は，「図形」領域の導入として扱うことができます。まず，ICT 機器やフリップを準備して，全体共有できるようにします。また，生徒が自力解決する際に①の二等辺三角形をマジックで記入させた OHP シートを学習具として使って考えさせることも有効です。クイズのような形式で和やかにアクティブな雰囲気で進めることで，思考を促進します。また，2 回の移動でどのようになるかなど発展させて考えることも意欲の増大につなげられます。

学習の流れ

- □　3種類の移動と課題「①の移動で模様をつくる」を全体で確認する
- □　何番に移動できるか予想する
- □　授業ワークシートで（Q1）〜（Q3）に取り組み，周りと交流する
- □　全体で共有した後，授業ワークシートに解説をまとめる
- □　（Q4）や振り返りをする

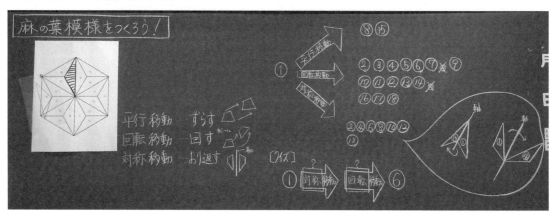

麻の葉模様をつくろう！

| 1年（　　）組（　　）番　名前（　　　　　　　　　　　　　　　）|

□　次の図は，麻の葉模様の一部分です。

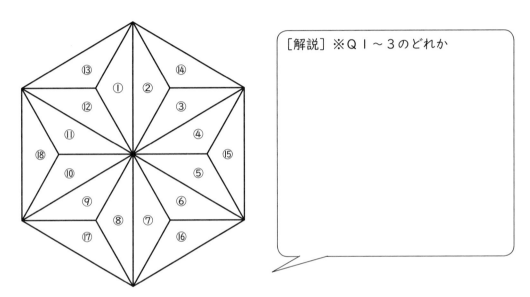

［解説］※Q1〜3のどれか

平行移動・・・一定の方向に一定の距離だけ図形を動かす移動
回転移動・・・ある点を中心に一定の角度だけ図形を回す移動
対称移動・・・ある直線を折り目に図形をひっくり返す移動

（Q1）①を平行移動すると，何番に移動しますか。
（Q2）①を回転移動すると，何番に移動しますか。
（Q3）①を対称移動すると，何番に移動しますか。

（Q4）3つのうち2つをうめて，クイズ
　　　問題をつくりましょう！

（　　　　）移動

［振り返り］
1　ふきだしに，自分なりに解説できた。　（◎・○・△）
2　解説できたポイントの部分を□で囲みましょう！

「作図」〜合唱練習の風景

授業中の生徒の姿

２つの点や２つの線分から等しい点を具体的な位置として探る

終了時の生徒の姿

２つの点や２つの線分から等しい点を捉える

本時の位置づけ＆進行上の工夫

　本時は，１年における作図のまとめとして最終段階に扱うことができます。生徒たちの日々の学校生活の様子に関連づけながら教材を提示できれば，学習意欲の増大につなげられます。また，どの位置あたりが答えであるかを予想する活動を大切にして授業を展開します。そのことによって，形式的に作図技能としてのみ扱うのではなく，題意を満たす点の軌跡として思考させることができます。このことは，高校数学における軌跡の学習にもつながっていきます。

学習の流れ

□　２種類の練習形態がある課題を全体で確認する

□　どの位置あたりが答えであるか予想する

□　授業ワークシートで（Q１），（Q２）に取り組み，周りと交流する

□　全体で共有した後，授業ワークシートに解説をまとめる

□　振り返りをする

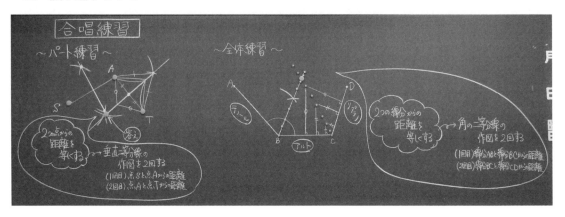

合唱練習の風景

１年（　　　）組（　　　）番　　名前（　　　　　　　　　　　　　　）

□　花子さんの学級では，ソプラノ（Ｓ），アルト（Ａ），テノール（Ｔ）の３つのパートに分かれて合唱練習をしています。

（Ｑ１）次の図の点Ｓ，点Ａ，点Ｔはパートリーダーの位置で，各点の周りでパート練習をします。先生が各パートリーダーからの距離を等しくする場合は，先生はどの位置に行けばよいですか，作図しなさい。

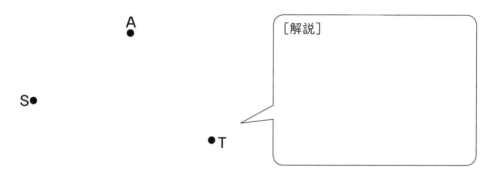

［解説］

（Ｑ２）次の図の線分 AB，線分 BC，線分 CD はパートの並び位置で，各線分に並んで全体練習をします。指揮者が各パートからの距離を等しくする場合は，指揮者はどの位置に行けばよいですか，作図しなさい。

［解説］

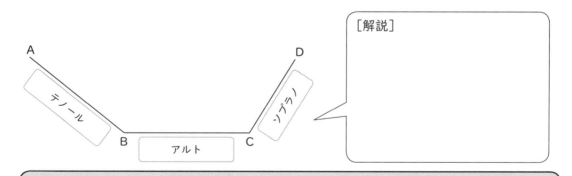

［振り返り］

１　ふきだしに，自分なりに解説できた。（ ◎ ・ ○ ・ △ ）

２　解説できたポイントの部分を　　　で囲みましょう！

「おうぎ形」～ピザの大きさ

> **授業中の生徒の姿**
> ピザＡ，ピザＢの大きさを既習の学習内容をもとに探る
> **終了時の生徒の姿**
> 円とおうぎ形の面積についての比例関係を捉える

本時の位置づけ＆進行上の工夫

　本時は，おうぎ形の学習で扱うことができる教材です。復習の時間を多くとらずに，できるだけ早い段階で教材を提示して，生徒たちに興味をひく課題として没頭させるようにします。そして，課題の解決方法を全体で共有する際に，おうぎ形の面積は中心角の大きさに比例することをじっくり検討させるとともに，3.14を π と表すことやおうぎ形の面積公式などを押さえる授業を展開します。そのことによって，その後の練習問題を技能練習として扱う時間が生み出されます。

学習の流れ

- □　おうぎ形の意味と課題を全体で確認して，円の面積公式を復習する
- □　ＡとＢのピザのどちらが大きいか予想する
- □　授業ワークシートで（Q）に取り組み，周りと交流する
- □　全体で共有した後，授業ワークシートに解説をまとめる
- □　振り返りをした後，練習問題に取り組む

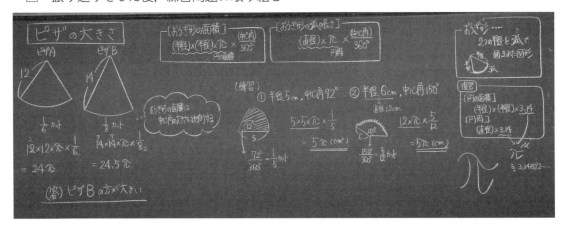

ピザの大きさ

１年（　　）組（　　）番　　名前（　　　　　　　　　　　　　　　）

（Q）次の図のように，おうぎ形のピザＡ，Ｂがあります。どちらが大きいですか。

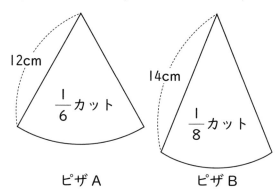

12cm
$\frac{1}{6}$カット
ピザＡ

14cm
$\frac{1}{8}$カット
ピザＢ

おうぎ形・・・
　２つの半径と弧で囲まれた図形

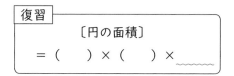

復習
〔円の面積〕
＝（　　　）×（　　　）× ～～～～～

（答え）　ピザ＿＿＿＿の方が大きい

〔解説〕

（練習）　①　半径が５cm，中心角が72°の
　　　　　　　おうぎ形の面積を求めなさい。

　　　　②　半径が６cm，中心角が150°の
　　　　　　　おうぎ形の弧の長さを求めなさい。

［振り返り］

１　自分なりに解説できた。（ ◎・○・△ ）

２　解説できたポイントの部分を□で囲みましょう！

「空間図形」の柱体・錐体

授業中の生徒の姿

　各立体の共通点や違いがどこかにあるかを探す

終了時の生徒の姿

　立体について考えたことを，図形用語も踏まえながら整理する

本時の位置づけ＆進行上の工夫

　本時は，単元「空間図形」の導入として扱うことができます。授業ワークシートにあるア～オの5つの立体の模型を使って，仲間分けしたアイデアを全体で共有することができます。仲間分けの発想を教師が，多面体，角錐・円錐といった新出用語や底面・側面，頂点，母線などの表現に置き換えながら自由に発想させる形で進めていきます。そのことで，真上から見るといったアイデアから投影図など，その後の学習に必然とつなげられる進行もできます。

学習の流れ

　□　立体模型で『仲間分け』活動を確認する

　□　授業ワークシートで仲間分けの活動をする

　□　立体模型を使ってアイデアを全体共有する

　　（アイデア例）曲面がある，とがっている，上から見ると三角形

　　　　　　　　　横から見ると長方形，線対称，面の数

　□　仲間分けの発想を図形用語とともに確認し，（Q1）～（Q3）に取り組む

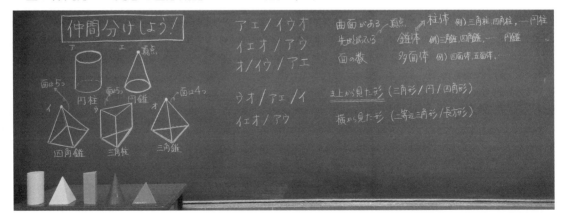

仲間分けしよう!!

1年（　）組（　）番　名前（　　　　　　　　　　　　）

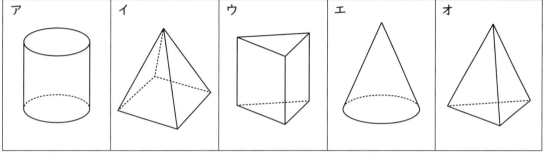

〔例〕　ア　エ　／　イ　ウ　オ　　（曲面がある）

〔用語を整理して，これからの学習で使っていきましょう！〕

□　平面だけで囲まれた立体を多面体といいます。

　（Q１）ウの立体は，何面体ですか。　　（Q２）オの立体は，何面体ですか。

□　（Q３）ア～オの立体の名前を答えなさい。

「空間図形」〜最短経路問題

授業中の生徒の姿

　具体的に図を使って複数の経路から最短経路を探る

終了時の生徒の姿

　展開図や見取図などを使って最短経路を捉える

本時の位置づけ&進行上の工夫

　本時は，空間図形の学習のまとめとして最終段階に扱うことができます。まず，立体模型とひもを準備して実演する中で，課題を全体で確認しながら，答えを予想させるようにします。このことによって，答えの方向性を見通すとともに，最適解を求める追究姿勢をもたせることにつなげられます。次に，どのように考えて答えを導き出したかを共有することのみにとどまらず，どうしてそのようなアイデアで進めようとしたのか，というように発想の源を現出させます。

学習の流れ

　□　課題を全体で確認して，答えを予想する

　□　授業ワークシートで（Q1），（Q2）に取り組み，周りと交流する

　□　全体で共有した後，授業ワークシートに解説をまとめる

　□　振り返りをする

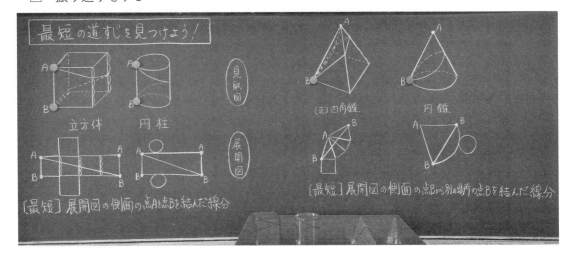

最短の道すじを見つけよう！

1年（　　）組（　　）番　　名前（　　　　　　　　　　　　　　　）

（Q１）次の図のような立方体，円柱の点Aから側面を１周して点Bまでひもをくくります。
　　　このとき，最短の道すじを図に書き入れなさい。

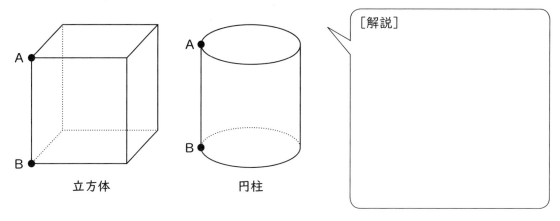

立方体　　　　　　円柱

［解説］

（Q２）次の図のような正四角錐，円錐の点Bから側面を１周して再び点Bまでひもをくくり
　　　ます。このとき，最短の道すじを図に書き入れなさい。

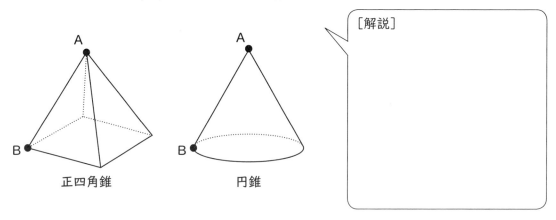

正四角錐　　　　　円錐

［解説］

［振り返り］
１　ふきだしに，自分なりに解説できた。（◎・○・△）
２　解説できたポイントの部分を□で囲みましょう！

「ヒストグラムと代表値」の利用〜代表選手の選出問題

授業中の生徒の姿

　ヒストグラムや代表値からＡ選手やＢ選手の傾向を読み取る

終了時の生徒の姿

　根拠を定めたうえでＡ・Ｂどちらを選ぶか決断する

本時の位置づけ＆進行上の工夫

　本時は，単元「データの分析と活用」のまとめとして最終段階に扱うことができます。まず，これまでに学習したヒストグラムや小学校で学習した代表値を用いてデータの傾向を読み取らせます。次に，根拠となる部分を指で押さえながら仲間との議論を進めさせるようにします。また，正二十面体の乱数さいを２つ準備して，◇の目が出たらどちらの選手の◇番目の記録と規定して，乱数さいを２つ同時にふるのも面白い活動です。この活動は，結論を明確にできるうえに，統計的確率の学習にもつなげられます。

学習の流れ

□　フリップを使って課題を全体で確認する

□　授業ワークシートでＡ選手やＢ選手の傾向を読み取る

　（アイデア例）最大値からＡ選手を選びたい，Ｂ選手は安定している

□　周りの生徒と交流した後，全体で議論する

□　根拠をもとに決断したことを授業ワークシートにまとめる

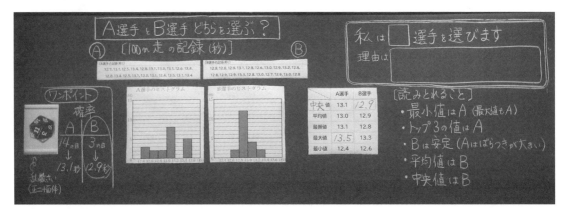

A選手とB選手　どちらを選びますか？

| 1年（　　）組（　　）番　　名前（　　　　　　　　　　　　　　　　） |

□　来月に行われる陸上記録会「100mの部」に出場する代表選手を1名選びます。

　候補はA選手とB選手で，最近の練習20回分のデータは，次のようになっています。

〔A選手の記録（秒）〕

12.7,　13.1,　12.5,　13.4,　12.8,　13.1,　13.0,　13.1,　12.6,　13.4,

12.8,　13.4,　12.5,　13.1,　13.0,　13.1,　12.4,　13.5,　13.1,　13.4

〔B選手の記録（秒）〕

12.8,　12.8,　12.9,　13.1,　12.8,　12.6,　13.0,　12.9,　13.2,　12.8,

12.8,　12.9,　12.9,　13.3,　12.8,　13.0,　12.7,　12.9,　13.0,　12.8

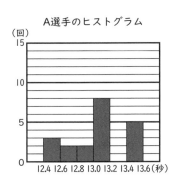

A選手のヒストグラム

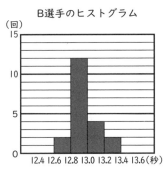

B選手のヒストグラム

	A選手	B選手
値	13.1	
平均値	13.0	12.9
最頻値	13.1	12.8
最大値		13.3
最小値	12.4	12.6

_____選手を選ぶ

〔理由〕

「文字式」の次数

授業中の生徒の姿

各式の共通点や違いがどこかにあるかを探す

終了時の生徒の姿

式について考えたことを，用語も踏まえながら整理する

本時の位置づけ＆進行上の工夫

　本時は，2年の導入として扱うことができます。授業ワークシートにあるア～オの5つの式を拡大してフリップにすれば，仲間分けしたアイデアを黒板上で全体共有できます。仲間分けの発想を教師が，単項式・多項式，次数といった新出用語や係数，元などの表現に置き換えながら自由に発想させる形で進めていきます。そのことで，その後の文字式の学習で，生徒たちが気軽に用語を使おうとする意欲につなげられます。

学習の流れ

□　フリップを使って『仲間分け』活動を確認する

□　授業ワークシートで仲間分けの活動をする

□　フリップを使ってアイデアを全体共有する

　　（アイデア例）文字式か数式か，項の数，元の種類

　　　　　　　　　係数，－の符号，次数

□　仲間分けの発想を用語とともに確認し，（Q1）～（Q3）に取り組む

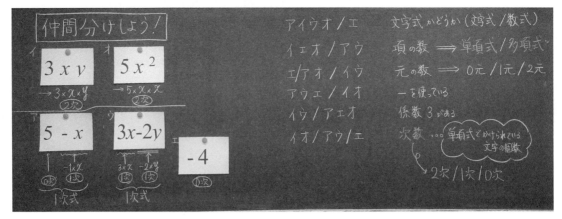

仲間分けしよう!!

2年（　　）組（　　）番　名前（　　　　　　　　　　　　　）

ア	イ	ウ	エ	オ
$5 - x$	$3xy$	$3x - 2y$	-4	$5x^2$

〔例〕　ア　イ　ウ　オ　／　エ　　（文字式か数式か）

〔用語を整理して，これからの学習で使っていきましょう！〕

□　（Q１）ア～オの式を，単項式と多項式に分けなさい。

　　　　単項式　　　　　　　　　多項式

□　単項式でかけられている文字の個数を次数といいます。

　　（Q２）イの式の次数を答えなさい。　（Q３）オの式の次数を答えなさい。

「文字式」の計算

> **授業中の生徒の姿**
>
> 　計算間違いの箇所を見つけて正しい計算方法を確認する
>
> **終了時の生徒の姿**
>
> 　正しく計算する方法とその意味を捉える

本時の位置づけ＆進行上の工夫

　本時は，2年「文字式」の計算における最終段階に扱うことができます。同類項のまとめ方や文字式でわる場合の表し方に困難を見せることが想定されます。そこで，間違い探しをする活動によって，正しい計算方法を確認するとともに，改めてその計算方法でよい意味を確認させる機会にします。また，文字式の計算は1年時にも行い，2年時で元の数が2つに増えても基本法則は同様に扱えることも確認したいことです。本時の学習を利用して，それぞれの生徒に必要な補充度合いを見取ることから，その後の計算に関する個別の指導計画を構想できます。

学習の流れ

　□　授業ワークシートで『間違い探し』をして，仲間と交流する

　□　間違いや正しい計算方法，意味を全体共有する

　□　必要な計算技能を個別に確認し，具体的問題で学習計画を立てさせる

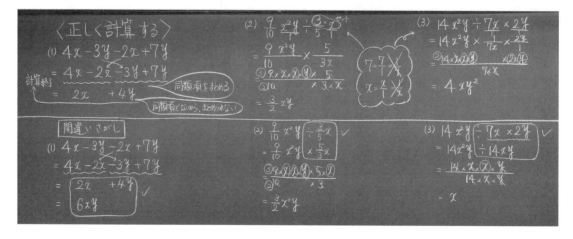

間違い探し

2年（　　）組（　　）番　名前（　　　　　　　　　　　　　）

□　次の計算は途中に間違いがあります。
　　間違っているところに印をつけましょう。

(1) $4x - 3y - 2x + 7y$

　$= 4x - 2x - 3y + 7y$

　$= 2x + 4y$

　$= 6xy$

(2) $\dfrac{9}{10}x^2y \div \dfrac{3}{5}x$

　$= \dfrac{9}{10}x^2y \times \dfrac{5}{3}x$

　$= \dfrac{9 \times x \times x \times y \times 5 \times x}{10 \times 3}$

　$= \dfrac{3}{2}x^3y$

(3) $14x^2y \div 7x \times 2y$

　$= 14x^2y \div 14xy$

　$= \dfrac{14 \times x \times x \times y}{14 \times x \times y}$

　$= x$

□　次の計算をしなさい。

(1) $4x - 3y - 2x + 7y$

　$=$

(2) $\dfrac{9}{10}x^2y \div \dfrac{3}{5}x$

　$=$

(3) $14x^2y \div 7x \times 2y$

　$=$

「文字式」の利用〜暦と年齢の関係

> **授業中の生徒の姿**
> 　和暦に対する年齢を探る
>
> **終了時の生徒の姿**
> 　暦と年齢の関係を捉える

▨ 本時の位置づけ＆進行上の工夫

　本時は，2年「文字式」の学習のまとめとして最終段階に扱うことができます。まず，和暦に対する年齢を"縦の対"にして板書することで，関数表を使って分析する必然性を出します。そのうえで，魔法の十字架として関数表を紹介して，表を利用しながら年齢を求めた根拠を議論する形で進めていけば，関数表にひそむ関係が生徒たちから出されます。また，和暦と年齢の関係を式に表した後に，等式の変形を利用して年齢を求めるアイデアが出されることも予想されます。双方のアイデアを大切にしながら進めていきます。

▨ 学習の流れ

　□　課題を"縦の対"にして全体確認する

　□　授業ワークシートで和暦に対する年齢を考える

　□　関数表を使って分析することを全体に紹介する

　□　年齢を求めた根拠を全体で共有する

　　（アイデア例）1ずつ増える，和暦に11を加えると年齢

　　　　　　　　　　年齢と和暦の差が11，等式の変形で求められる

　□　年齢と西暦の問題に取り組む

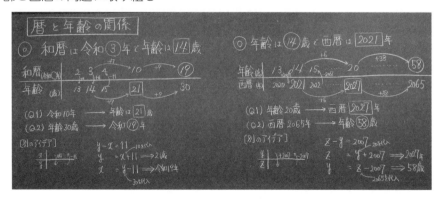

暦と年齢の関係

2年（　　）組（　　）番　名前（　　　　　　　　　　　　　　　　）

□　本日の和暦は令和 [　　　　] 年で，年齢は [　　　　] 歳だとします。

（Q１）和暦が令和10年のとき，年齢は何歳ですか。

（Q２）年齢が30歳のとき，和暦は令和何年ですか。

和　暦（令和〇年）	2	3	4
年　齢（　歳　）		14	

□　本日，年齢は [　　　] 歳で，西暦は [　　　　　　] 年です。

（Q１）年齢が20歳のとき，西暦は何年ですか。

（Q２）西暦が2065年のとき，年齢は何歳ですか。

年　齢（歳）	13	14	15
西　暦（年）		2021	

「連立方程式」の計算

授業中の生徒の姿

計算間違いの箇所を見つけて正しい計算方法を確認する

終了時の生徒の姿

正しく計算する方法とその意味を捉える

本時の位置づけ＆進行上の工夫

　本時は，2年「連立方程式」の計算における最終段階に扱うことができます。加減の計算や代入する際の表し方に困難を見せることが想定されます。そこで，間違い探しをする活動によって，正しい計算方法を確認するとともに，改めてその計算方法でよい意味を確認させる機会にします。また，方程式の計算は1年時にも行い，元の数は2つに増えても同様の式変形が多いので，検算の意味も含めて方程式の計算を再確認して学びを深める機会にします。本時の学習を利用して，それぞれの生徒に必要な補充度合いを見取ることから，その後の計算に関する個別の指導計画を構想できます。

学習の流れ

- □　授業ワークシートで『間違い探し』をして，仲間と交流する
- □　間違いや正しい計算方法，意味を全体共有する
- □　必要な計算技能を個別に確認し，具体的問題で学習計画を立てさせる

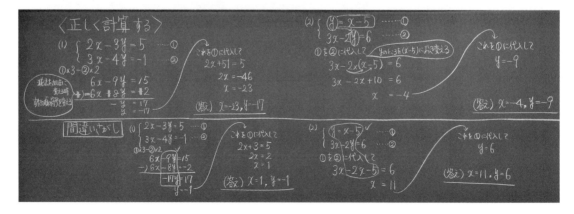

間違い探し

2年（　　）組（　　）番　名前（　　　　　　　　　　　　　　）

□　次の計算は途中に間違いがあります。

　　間違っているところに印をつけましょう。

(1) $\begin{cases} 2x - 3y = 5 & \cdots ① \\ 3x - 4y = -1 & \cdots ② \end{cases}$

　　①×3－②×2

　　　$6x - 9y = 15$

　　$-)\ 6x - 8y = -2$

　　　　　$-17y = 17$

　　　　　　$y = -1$

　　これを①に代入して

　　$2x + 3 = 5$

　　　$2x = 2$

　　　　$x = 1$

　答え　$x = 1,\ y = -1$

(2) $\begin{cases} y = x - 5 & \cdots ① \\ 3x - 2y = 6 & \cdots ② \end{cases}$

　　①を②に代入して

　　$3x - 2x - 5 = 6$

　　$x = 11$

　　これを①に代入して

　　$y = 6$

　答え　$x = 11,\ y = 6$

□　次の方程式を解きなさい。

(1) $\begin{cases} 2x - 3y = 5 \\ 3x - 4y = -1 \end{cases}$

(2) $\begin{cases} y = x - 5 \\ 3x - 2y = 6 \end{cases}$

「１次関数」の利用〜動点問題

授業中の生徒の姿

　点Ｐが動いた長さを具体的に設定しながら△APD の面積を探る

終了時の生徒の姿

　点Ｐが動いた長さに対する△APD の面積の推移を捉える

本時の位置づけ＆進行上の工夫

　本時は，２年の関数学習のまとめとして最終段階に扱うことができます。まず，ICT 機器あるいはフリップで点Ｐを動かせる図を準備します。そのうえで例えば，教師が点を動かした際に，「△APD の面積が６cm^2（最大）の瞬間にだけ挙手しなさい」といった発問を全体にすれば，全員参加型で生徒たちの解決意欲は増大します。同じテンポで，「○○○の場合は？」と探究する姿勢を継続させるようにします。

学習の流れ

□　フリップで図上の点Ｐを動かしながら課題を全体確認する

□　授業ワークシートで点Ｐが動いた長さと△APD の面積について考える

　　・１cm 動いたとき　　　・面積が６cm^{2}のとき　　　・面積が最大のとき

□　点Ｐが動いた長さと△APD の面積の関係を，表・式・グラフを用いて全体共有する

□　（Q）に取り組んだ後に，自分で問題をつくる

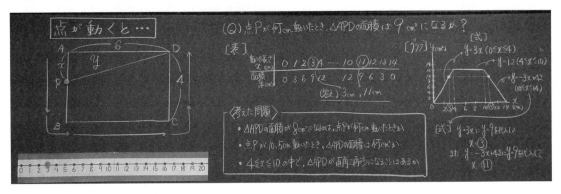

点が動くと…

2年（　　）組（　　）番　　名前（　　　　　　　　　　　　　　　）

□　右の図の長方形 ABCD において，点 P は A を出発して，辺上を B，C を通って D まで動きます。

　　点 P が A から x cm 動いたときの△ APD の面積を y cm^2 とします。

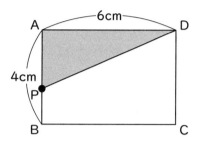

[グラフ]

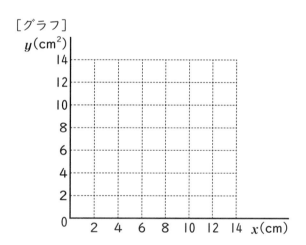

（Q）△ APD の面積が 9 cm^2 になるのは，点 P が A から何 cm 動いたときですか。

「1次関数」の利用～百貨店問題

本時の位置づけ＆進行上の工夫

　本時は，1次関数のまとめとして最終段階に扱うことができます。生徒たちにリアルな問いかけをすることによって，問題を解決する動機づけにします。また，『変化のペース』が同じであることは，日常の状況とグラフで表現することを連動させて捉えさせるようにします。そして，例えば，□階の□□に行くときに他のお客さんが□□ならば△△を使うというように，目的や状況を踏まえた自己決定ができるようにサポートします。これらの活動により，身の回りの事象を1次関数とみなして問題解決できることを実感させるようにします。

学習の流れ

　□　課題を全体で確認し，授業ワークシート（Q1）に取り組む

　□　（Q2）に取り組み，周りと交流する

　□　エスカレーターとエレベーターそれぞれの関数関係を全体で共有する

　□　（Q3）目的や状況を踏まえて自己決定する

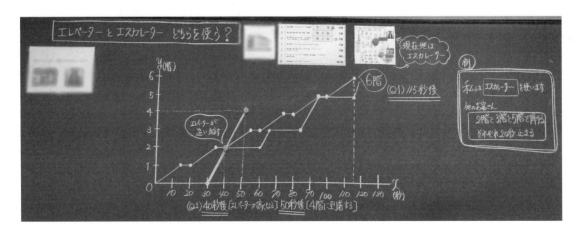

エレベーターとエスカレーターどちらを使う？

2年（　　）組（　　）番　名前（　　　　　　　　　　　　）

□　花子さんは百貨店の地下１階エスカレーター下にいます。

　　この百貨店の４階は婦人服，５階は紳士服，６階は本屋があります。

（Q１）エスカレーターを使って６階の本屋に到着する時間は何秒後ですか。下のグラフ用紙
　　　　にかいて，求めましょう。ただし，エスカレーターで１つの階を上る時間は15秒，あ
　　　　る階に上った後に，次の階に上るために歩く時間を５秒とします。

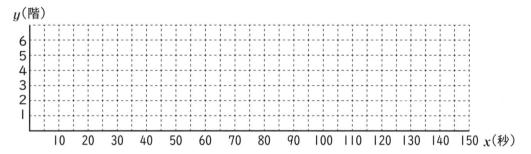

（Q２）エレベーターを使って４階に到着する時間は何秒後ですか。また，エレベーターがエ
　　　　スカレーターより高くなる時間は何秒後ですか。上のグラフ用紙に書いて，それぞれ
　　　　求めましょう。ただし，エレベーターは30秒後に動き始め，上に向かって同じペース
　　　　で１つの階を５秒で上がることとします。

（Q３）エレベーターに他のお客さんと一緒に乗るとき，他のお客さんが先に降りることがあ
　　　　り，その降りるときに止まる時間もあります。６階の本屋に行くとき，あなたはエレ
　　　　ベーターとエスカレーターのどちらを使いますか。他のお客さんの動きを自分で設定
　　　　しましょう。

　　　　私は［　　　　　　　　　　　　　　］を使います

　　⇒　（他のお客さんの設定）［　　　　　　　　　　　　　　　　　　　　　　］

「平行線と角」〜くちばし問題

授業中の生徒の姿

学習した事柄や自分が知っていることを用いて∠xの大きさを探る

終了時の生徒の姿

くちばしの先を動かした場合の∠xの求め方を捉える

本時の位置づけ＆進行上の工夫

　本時は，平行線と角のまとめの学習として最終段階に扱うことができます。まず，ICT機器あるいはフリップで点Pを動かせる図を準備します。もし，点Pに加えて平行線まで移動できるソフトを準備できれば，くさび形問題にまで図を変形できるため，図形の問題が相互に関連していることを実感させられます。「点Pが○○○にある場合は？」と，探究する姿勢を継続させるようにします。

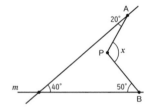

学習の流れ

□　フリップと授業ワークシートで課題を全体確認して，（Q）に取り組む

□　（Q）の求め方を全体で共有する

□　点Pの動きに対する∠xの変化を議論する

□　くちばしの先を動かした場合の∠xの求め方を議論する

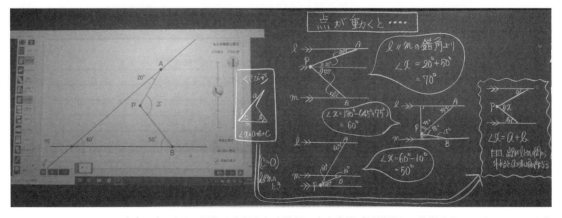

（プロジェクタの画像は令和2年度発行：東京書籍「新編新しい数学2Dマークコンテンツ」）

くちばしの先が動くと…

2年（　　）組（　　）番　　名前（　　　　　　　　　　　　　　　）

（Q）∠xの大きさを求めなさい。

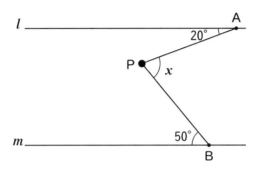

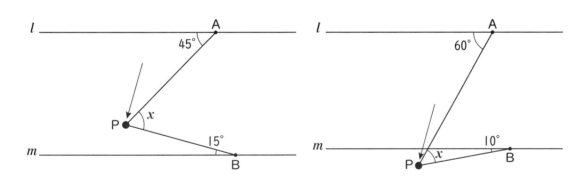

「多角形の角」〜星形多角形

> **授業中の生徒の姿**
> 　角の和を既習の学習内容をもとに探る
> **終了時の生徒の姿**
> 　答えを導く過程を筋道立てて説明できる

本時の位置づけ＆進行上の工夫

　本時は，多角形の角のまとめの学習として最終段階に扱うことができます。星形多角形は，自由な発想で取り組ませることによって，生徒たちがアイデアを多様に現出できる教材です。したがって，答えを導く過程を，図を使った説明によって周りの仲間に説得できるように筋道立てて説明する視点をもたせたいところです。また，星形七角形の角の和や図形相互に関数関係がないか等，発展させて考えることも意欲の増大につなげられます。

学習の流れ

　□　課題を全体で確認して，答えを予想する
　□　授業ワークシートで（Q1）に取り組み，周りと交流する
　□　全体で共有した後，授業ワークシートに解説をまとめる
　　（アイデア例）三角形の内角・外角の性質，1つの三角形に角を集める
　　　　　　　　　くさび形の角の和，正星形五角形の角，外の5つの三角形
　□　授業ワークシートで（Q2）に取り組み，周りと交流する
　□　全体で共有した後，振り返りをする
　□　他の星形多角形について議論する

星形の多角形

2年（　　）組（　　）番　名前（　　　　　　　　　　　　）

（Q１）印をつけた５つの角の和を求めなさい。

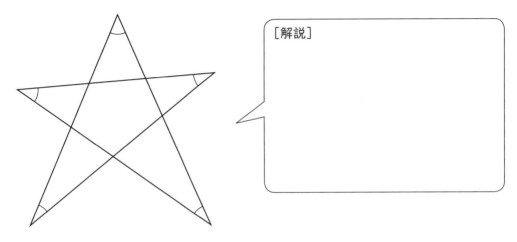

［解説］

（Q２）印をつけた７つの角の和を求めなさい。

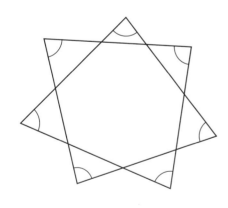 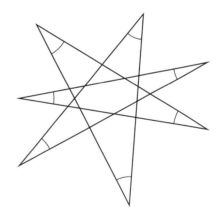

［振り返り］

1　ふきだしに，自分なりに解説できた。　（◎・○・△）

2　解説できたポイントの部分を□で囲みましょう！

「直角三角形」〜直角二等辺三角形の辺の関係

授業中の生徒の姿

図に同じ長さや角の印や補助線をかき入れて長さの関係を探る

終了時の生徒の姿

答えを導く過程を筋道立てて説明できる

本時の位置づけ＆進行上の工夫

　本時は，合同な直角三角形の学習のまとめとして扱うことができます。まず，図を指でさわったり，定規で測ったりしながら，課題を全体で確認するとともに答えを予想させるようにします。このことによって，答えの方向性を見通すとともに，筋道立てて説明するための動機づけにつなげられます。また，全体で共有する際には，複数の生徒たちの説明を聞くことで，根拠となるアイデアを確認させるとともに，よりよい説明の仕方についても考えさせるようにします。

学習の流れ

□　課題を全体で確認して，答えを予想する

□　授業ワークシートで（Q）に取り組み，周りと交流する

□　全体で共有した後，授業ワークシートに解説をまとめる

□　練習問題と振り返りをする

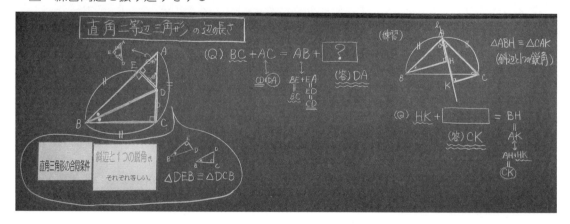

直角二等辺三角形の辺の長さ

2年 (　　) 組 (　　) 番　名前 (　　　　　　　　　　　　　　　)

（Q）次の図の直角二等辺三角形 ABC における角 B の二等分線と辺 AC の交点を D とする。
このとき，BC + AC = AB + ⬚ となる。

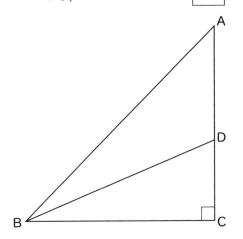

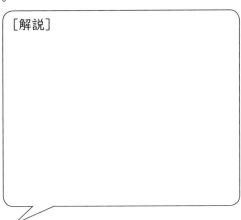

［解説］

（練習）次の図の直角二等辺三角形 ABC における点 A を通る直線 *l* に点 B，C から下ろした垂
線を BH，CK とする。このとき，HK + ⬚ = BH となる。

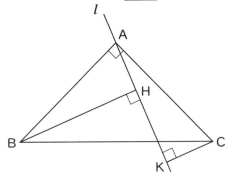

［振り返り］
1　ふきだしに，自分なりに解説できた。（ ◎・○・△ ）
2　解説できたポイントの部分を⬚で囲みましょう！

「平行四辺形」〜中点を結んでできる図形

授業中の生徒の姿

対辺の等長性や平行性，対角の大きさの関係などからできる図形を探る

終了時の生徒の姿

平行四辺形になる根拠を筋道立てて説明できる

本時の位置づけ＆進行上の工夫

　本時は，2年における証明学習のまとめとして最終段階に扱うことができます。まず，ICT機器やフリップを準備して，四角形 ABCD を自由自在に変形させたときに各辺の中点を結んでできる図形について考える時間を確保します。このとき，図形の性質や包摂関係など，図形を捉える生徒たちの多様なアイデアが現出します。次に，全体で共有する際には，複数の生徒たちに説明させることで，根拠となるアイデアを確認させるとともによりよい説明の仕方についても考えさせるようにします。

学習の流れ

☐　もとの四角形 ABCD を自由自在に変形させて，中点を結んでできる図形を予想する

☐　予想を全体で共有した後，課題を全体で確認する

☐　授業ワークシートで（Q）に取り組み，周りと交流する

☐　全体で共有した後，授業ワークシートに解説をまとめる

☐　練習問題と振り返りをする

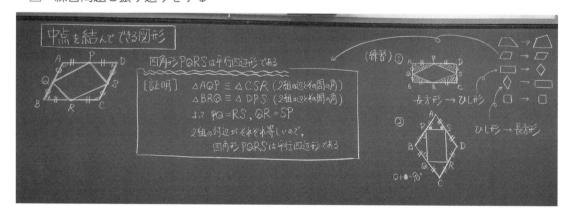

中点を結んでできる図形

2年（　）組（　）番　名前（　　　　　　　　　　　）

（Q）平行四辺形 ABCD の各辺の中点を結んでできる図形の名前を答えなさい。

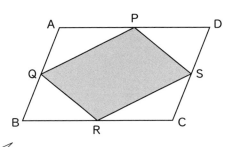

［解説］

（練習）　①　長方形 ABCD の各辺の中点を
結んでできる図形は？

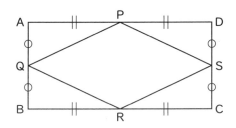

②　ひし形 ABCD の各辺の中点を
結んでできる図形は？

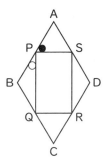

［振り返り］

1　ふきだしに，自分なりに解説できた。　（ ◎ ・ ○ ・ △ ）

2　解説できたポイントの部分を□で囲みましょう！

「四角形」の定義

> **授業中の生徒の姿**
> 各図形の共通点や違いがどこかにあるかを探す
>
> **終了時の生徒の姿**
> 各図形の特徴，各図形間の関係を整理する

本時の位置づけ＆進行上の工夫

　本時は，2年の図形学習のまとめとして最終段階に扱うことができます。授業ワークシートにあるア〜オの5つの図形を拡大してフリップにすれば，仲間分けしたアイデアを黒板上で全体共有できます。新出用語は出てきませんが，包摂関係に混乱が予想されます。

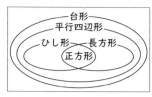

例えば，「ひし形は平行四辺形の特徴を合わせもっている」といった表現や上の関係図を適宜利用しながら進めていきます。

学習の流れ

　□　授業ワークシートで『仲間分け』活動をする

　□　フリップを使ってアイデアを全体共有する

　　（アイデア例）平行な組数，対辺は等しい，対角は等しい，90°がある

　　　　　　　　　対角線は垂直，対角線は等しい，隣角と等しい，隣辺と等しい

　□　各図形の特徴を確認し，定義を整理する

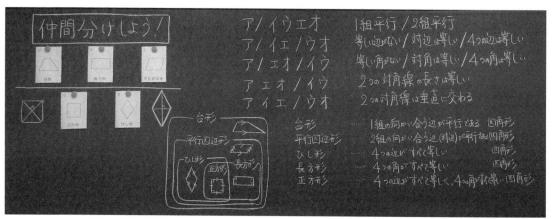

仲間分けしよう!!

2年（　　）組（　　）番　名前（　　　　　　　　　　　　　　　）

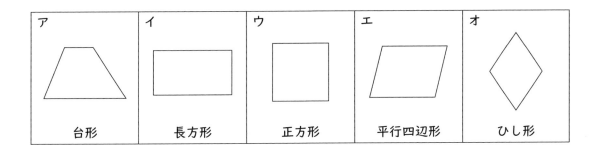

〔例〕　ア ／ イ ウ エ オ 　（平行な組数）

〔図形の定義を整理して，これからの学習で使っていきましょう！〕

図　　形	定　　　義
台　　形	
平行四辺形	
ひ　し　形	
長　方　形	
正　方　形	

「確率」～不思議なサイコロ問題

> **授業中の生徒の姿**
>
> 　和が6よりも多い場合があるかを探る
>
> **終了時の生徒の姿**
>
> 　根拠を示しながら最も多くなる和を捉える

本時の位置づけ＆進行上の工夫

　本時は，確率の利用に入る前段階の授業で扱うことができます。まず，大半の生徒たちが「和は6しか考えられない」と予想するように主発問を工夫できれば，その後の意欲づけになります。また，具体の実験によるデータ収集は最小限にとどめ，頭の中で考え進めることを助長します。その際，考えた過程を授業ワークシートに表現することを呼びかけ，生徒が表現したものから6×6の表や樹形をした図を使って考えることの必然性につなげます。整然と数えあげられることを確認できれば，次時以降に行われる確率の利用の学習に生かせます。

学習の流れ

- □　不思議なサイコロ2つをふる課題を全体で確認する
- □　最も多い和を挙手して予想する
  （アイデア例）6しか考えられない，6でないかもしれない，5もあり得る
- □　授業ワークシートを使って考える
- □　周りの生徒と交流した後，全体で議論する
- □　根拠をもとに決断したことを授業ワークシートにまとめる

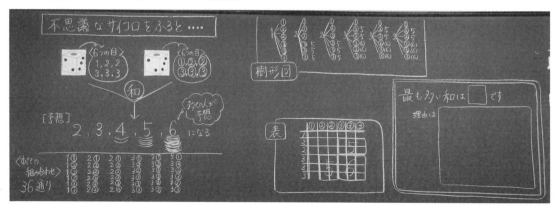

不思議なサイコロをふったら…

2年（　　）組（　　）番　名前（　　　　　　　　　　　　）

□　太郎くんは，2つの不思議なサイコロを持っています。

そのサイコロはどちらも，1，2，2，3，3，3の目でできています。

太郎くんはそのサイコロを同時にふり，出た目の和をデータ集計します。

（Q）何度もふっていくと和は6になることが最も多いと思っていましたが，この2つのサイコロで実験するとき，データ集計すると，和はいくつになることが最も多いでしょうか。

最も多い和は　　　　　　　　である

〔理由〕

「箱ひげ図」の利用〜日本一暑い町

授業中の生徒の姿

箱ひげ図やヒストグラム，代表値から分析する

終了時の生徒の姿

根拠を定めたうえで日本一暑い町を決断する

本時の位置づけ&進行上の工夫

本時は，箱ひげ図の学習のまとめとして最終段階に扱うことができます。まず，授業ワークシートの穴うめをしながらデータの傾向を読み取らせたいところです。生徒たちがデータを分析する際には，最高気温を降順に並びかえるようにします，また，7月の最高気温や他都市のデータも知りたいなどの要求が予想されます。これに応じることは生徒たちの高い学習意欲だと受け取り，できる範囲で準備をしておきたいところです。2年の発達段階を踏まえて，根拠をもとに筋道立てた説明で，仲間を説得するように呼びかけます。

学習の流れ

☐ フリップを使って課題を全体で確認する

☐ 授業ワークシートで那覇市，館林市，熊谷市の傾向を読み取る

（アイデア例）那覇ではない，館林は40℃越えが2度ある，熊谷は中央値からバラツキが少ない

☐ 周りの生徒と交流した後，全体で議論する

☐ 根拠をもとに決断したことを授業ワークシートにまとめる

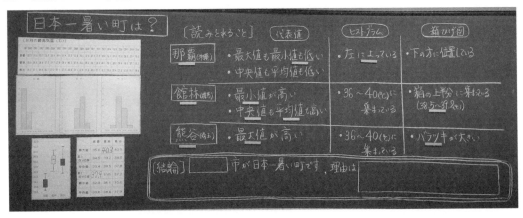

日本一暑い町は？

2年（　　）組（　　）番　名前（　　　　　　　　　　　　）

□　花子さんはニュースを見て，那覇市（沖縄県）と館林市（群馬県）と熊谷市（埼玉県）が暑い町だと知りました。そこで気象庁のホームページからデータを調べ，次のようにまとめました。

〔8月の最高気温（℃）〕

年	2000	2001	2002	2003	2004	2005	2006	2007	2008	2009	2010	2011	2012	2013	2014	2015	2016	2017	2018	2019
那覇	32.3	35.6	32.7	35.5	33.4	34.6	33.4	33.5	33.6	34.4	32.9	32.9	32.9	34.8	33.1	32.8	33.9	34.9	32.4	33.3
館林	36.8	36.8	38.5	37.3	37.7	37.6	38.6	40.3	37.9	36.1	38.5	38.7	38.0	40.1	39.5	39.8	39.6	38.8	38.7	38.5
熊谷	36.7	37.7	38.4	36.7	37.7	37.2	37.5	40.9	37.3	35.6	37.9	38.3	37.2	39.3	38.8	38.6	37.0	37.8	38.7	38.4

（気象庁ホームページ：2000年～2019年地点別8月の日最高気温の平均）

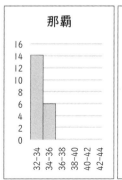

那覇

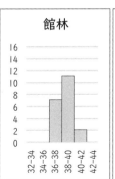

館林

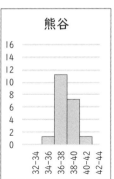

	那覇	館林	熊谷
最大値	35.6	（　　）	40.9
第3四分位数	34.5	39.2	38.5
中央値	33.4	38.5	37.8
第1四分位数	（　　）	37.65	37.2
最小値	32.3	36.1	35.6
平均値	33.6	38.4	37.9

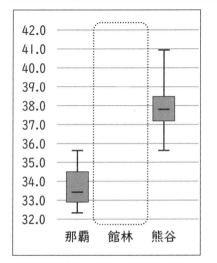

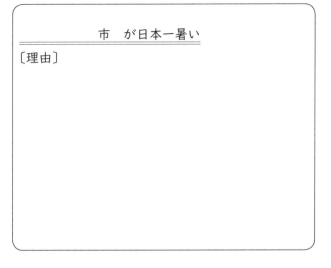

_____市　が日本一暑い

〔理由〕

「多項式」の計算

<table>
<tr><td>

授業中の生徒の姿

　計算間違いの箇所を見つけて正しい計算方法を確認する

終了時の生徒の姿

　正しく計算する方法とその意味を捉える

</td></tr>
</table>

本時の位置づけ＆進行上の工夫

　本時は，3年「多項式」の計算における最終段階に扱うことができます。同類項のまとめ方や分配法則，応用の展開や因数分解の計算に困難を見せることが想定されます。そこで，間違い探しをする活動によって，正しい計算方法を確認するとともに，改めてその計算方法でよい意味を確認させる機会にします。2次の文字式計算の獲得は，義務教育段階の最終形です。そのため，計算の意味を含めて生徒をアシストしたいです。本時の学習を利用して，それぞれの生徒に必要な補充度合いを見取ることから，その後の計算に関する個別の指導計画を構想できます。

学習の流れ

□　授業ワークシートで『間違い探し』をして，仲間と交流する

□　間違いや正しい計算方法，意味を全体共有する

□　必要な計算技能を個別に確認し，具体的問題で学習計画を立てさせる

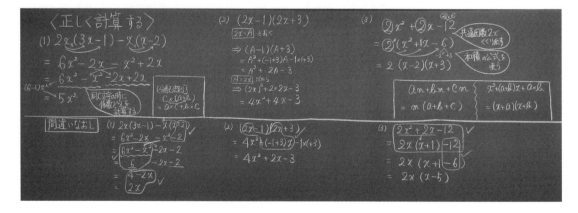

間違い探し

□　次の計算は途中に間違いがあります。
　　間違っているところに印をつけましょう。

(1)　$2x(3x-1)-x(x-2)$

　　$=6x^2-2x-x^2-2$

　　$=6x^2-x^2-2x-2$

　　$=6-2x-2$

　　$=-2x+4$

　　$=2x$

(2)　$(2x-1)(2x+3)$

　　$=4x^2+(3-1)x-3$

　　$=4x^2+2x-3$

(3)　$2x^2+2x-12$

　　$=2x(x+1)-12$

　　$=2x(x+1-6)$

　　$=2x(x-5)$

□　(1)，(2)の式を計算しなさい。
　　(3)の式を因数分解しなさい。

(1)　$2x(3x-3)-x(x-2)$

　　$=$

(2)　$(2x-1)(2x+3)$

　　$=$

(3)　$2x^2+2x-12$

　　$=$

「多項式」の利用〜指おり九九

授業中の生徒の姿

　6・7・8・9と指をおったときに伸ばした指の数・曲げた指の数を探る

終了時の生徒の姿

　指をおって九九を求められる理由を捉える

本時の位置づけ＆進行上の工夫

　本時は，数学3年「多項式」の学習のまとめとして最終段階に扱うことができます。まず，6・7・8・9と指をおったときに伸ばした指の数・曲げた指の数を，"縦の対"にして関数表を使って分析できるようにします。その際，適宜具体的に指をおった状態を観察させながら関数表の関係を分析させるようにします。そのうえで，求める値の十の位，一の位を文字式に表す方法を考えさせるようにします。

学習の流れ

- ☐　指をおって九九を求める方法を全体確認する
- ☐　授業ワークシートの（Q）で指おり九九のやり方を確認する
- ☐　関数表を使って分析することを全体に紹介する
- ☐　求める値の十の位，一の位を文字式に表す方法を考える
　（アイデア例）1次関数，伸ばした指は数より5少ない，数と曲げた指の和は10
- ☐　指をおって九九を求められる理由を仲間と確認し合う

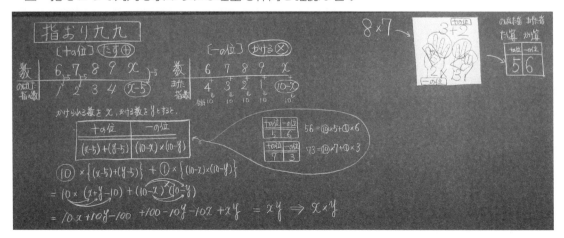

指おり九九

3年（　　）組（　　）番　名前（　　　　　　　　　　　　　）

［指のおり方］

［指をおって九九を求める方法］

　例えば，8×7は，次のようにして，56と求めます。

［1］左手で「8」，右手で「7」と指をおる

［2］のばした指の数　を　た　す　→　十の位

［3］ま　げ　た指の数　を　かける　→　一の位

（Q）指おり九九で，次の問題に答えましょう！

　　6×9＝　　　　　7×8＝　　　　　8×6＝　　　　　9×7＝

数	6	7	8	9
のばした指の数				

数	6	7	8	9
まげた指の数				

　かけられる数を x，かける数を y とすると，

　十の位の数は　{（　　　　　）＋（　　　　　　）} と表すことができ，

　一の位の数は　{（　　　　　）×（　　　　　　）} と表すことができる。

　したがって，九九の値を文字式で表すと，

10×{（　　　　　）＋（　　　　　）} ＋ {（　　　　　）×（　　　　　）}

＝

「平方根」の計算

授業中の生徒の姿

　計算間違いの箇所を見つけて正しい計算方法を確認する

終了時の生徒の姿

　正しく計算する方法とその意味を捉える

本時の位置づけ＆進行上の工夫

　本時は，3年「平方根」の計算における最終段階に扱うことができます。有理化や根号の中の数を小さくする計算，加減で根号の中の数が同じ場合に簡単にする計算や根号を含む式の応用計算に困難を見せることが想定されます。そこで，間違い探しをする活動によって，正しい計算方法を確認させる機会にします。平方根の導入により，無理数の計算ができるようになり，実数計算の意味を含めて生徒をアシストしたいです。本時の学習を利用して，それぞれの生徒に必要な補充度合いを見取ることから，その後の計算に関する個別の指導計画を構想できます。

学習の流れ

□　授業ワークシートで『間違い探し』をして，仲間と交流する

□　間違いや正しい計算方法，意味を全体共有する

□　必要な計算技能を個別に確認し，具体的問題で学習計画を立てさせる

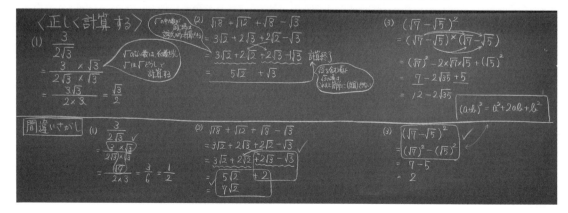

間違い探し

□　次の計算は途中に間違いがあります。
　　間違っているところに印をつけましょう。

（1）$\dfrac{3}{2\sqrt{3}}$

$= \dfrac{3 \times \sqrt{3}}{2\sqrt{3} \times \sqrt{3}}$

$= \dfrac{\sqrt{9}}{2 \times 3} = \dfrac{3}{6} = \dfrac{1}{2}$

（2）$\sqrt{18} + \sqrt{12} + \sqrt{8} - \sqrt{3}$
　$= 3\sqrt{2} + 2\sqrt{3} + 2\sqrt{2} - \sqrt{3}$
　$= 3\sqrt{2} + 2\sqrt{2} + 2\sqrt{3} - \sqrt{3}$
　$= 5\sqrt{2} + 2$
　$= 7\sqrt{2}$

（3）$(\sqrt{7} - \sqrt{5})^2$
　$= (\sqrt{7})^2 - (\sqrt{5})^2$
　$= 7 - 5$
　$= 2$

□　次の計算をしなさい。

（1）$\dfrac{3}{2\sqrt{3}}$

　$=$

（2）$\sqrt{18} + \sqrt{12} + \sqrt{8} - \sqrt{3}$
　$=$

（3）$(\sqrt{7} - \sqrt{5})^2$
　$=$

「2次方程式」の計算

> **授業中の生徒の姿**
> 計算間違いの箇所を見つけて正しい計算方法を確認する
>
> **終了時の生徒の姿**
> 正しく計算する方法とその意味を捉える

本時の位置づけ＆進行上の工夫

　本時は，3年「2次方程式」の計算における最終段階に扱うことができます。平方根の考えを使って解く計算や（2次式）＝0の形に変形して因数分解する計算に困難を見せることが想定されます。そこで，間違い探しをする活動によって，正しい計算方法を確認させる機会にします。また，2次方程式の計算では，次数2の文字式を平方根や因数分解のアイデアから次数を1に下げていることも改めて確認したいことです。このことは，今後の高校数学における n 次方程式の計算につながります。本時の学習を利用して，それぞれの生徒に必要な補充度合いを見取ることから，その後の計算に関する個別の指導計画を構想できます。

学習の流れ

- □　授業ワークシートで『間違い探し』をして，仲間と交流する
- □　間違いや正しい計算方法，意味を全体共有する
- □　必要な計算技能を個別に確認し，具体的問題で学習計画を立てさせる

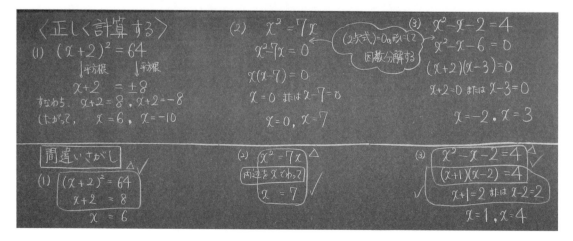

間違い探し

3年（　）組（　）番　名前（　　　　　　　　　　　　）

□　次の計算は途中に間違いがあります。
　　間違っているところに印をつけましょう。

(1) $(x + 2)^2 = 64$

$\qquad x + 2 = 8$

$\qquad\quad x = 6$

(2) $x^2 = 7x$

　　両辺を x でわって

$\qquad x = 7$

(3) $x^2 - x - 2 = 4$

$\quad (x + 1)(x - 2) = 4$

$\quad x + 1 = 2 , \ x - 2 = 2$

$\quad x = 1 , \ x = 4$

□　次の方程式を解きなさい。

(1) $(x + 2)^2 = 64$

(2) $x^2 = 7x$

(3) $x^2 - x - 2 = 4$

「2次方程式」の利用〜動点問題

授業中の生徒の姿

点P，Qが動いた長さを具体的に設定しながら△APQの面積を探る

終了時の生徒の姿

点P，Qが偶数cm動いた長さに対する△APQの面積の推移を捉える

本時の位置づけ＆進行上の工夫

　本時は，単元「2次方程式」のまとめとして最終段階に扱うことができます。まず，ICT機器あるいはフリップで点P，Qを動かせる図を準備します。そのうえで例えば，教師が点を動かした際に，「△APQの面積が10cm²（最大）の瞬間にだけ挙手しなさい」といった発問を全体にすれば，全員参加型で生徒たちの解決意欲は増大します。同じテンポで，「○○○の場合は？」と探究する姿勢を継続させるようにします。

学習の流れ

□　フリップで図上の点P，Qを動かしながら課題を全体確認する

□　授業ワークシートで点P，Qが動いた長さと△APQの面積について考える

　　・2cm動いたとき　　　・面積が10cm²のとき　　　・面積が最大のとき

□　点P，Qが偶数cm動いた長さと△APQの面積の関係を，表や式を用いて全体共有する

□　（Q）に取り組んだ後に，自分で問題をつくる

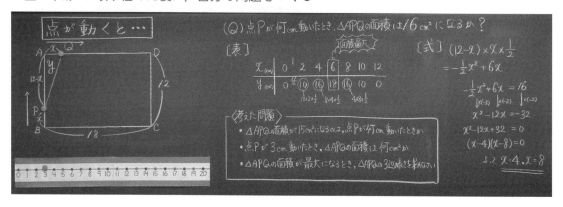

点が動くと…

3年（　　）組（　　）番　名前（　　　　　　　　　　　　　　　）

□　右の図の長方形 ABCD において，点 P は B を出発して，辺 AB 上を A まで，点 Q は P と同時に A を出発して，辺 AD 上を D に向かって動きます。

　　点 P が B から $x$cm 動いたときの △APQ の面積を $y$cm^2 とします。

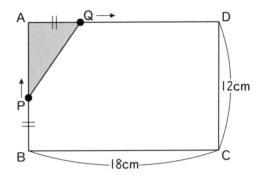

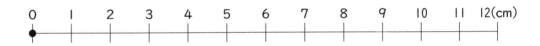

[表]

x	0	2	4	6	8	10	12
y							

（Q）△APQ の面積が 16cm^2 になるのは，点 P が B から何 cm 動いたときですか。

「2乗に比例する関数」の利用〜アイスクリームを食べたくなる気温

授業中の生徒の姿

　平均最高気温に対するアイスクリーム購入額の変化のペースを探る

終了時の生徒の姿

　関数関係を捉えたうえで，アイスクリームを食べたくなる気温を決めようとする

本時の位置づけ＆進行上の工夫

　本時は，2乗に比例する関数のまとめとして最終段階に扱うことができます。生徒たちにリアルな問いかけをして，買い手の立場になることに加えて，売り手の立場や商品開発者の立場など，1つの商品に関わる様々な立場に立って本教材にふれさせるようにします。また，表を分析させて気温に対する購入額の変化のペースが一定でないことを味わわせたいところです。これらの活動により，身の回りの事象を2乗に比例する関数とみなして問題解決できることを実感させるようにします。

学習の流れ

□　課題を全体で確認し，授業ワークシート（Q1）に取り組む

□　周りと交流し，気温に対する購入額の変化のペースを探る

□　気温と購入額の関数関係を全体で共有する

□　（Q2）2乗に比例する関数の関係を活用して自己決定する

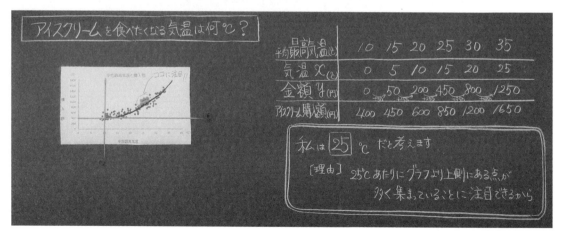

アイスクリームを食べたくなる気温は何℃？

3年（　　）組（　　）番　　名前（　　　　　　　　　　　　　　　）

□　下の図は，月別の平均最高気温（気象庁）に対する1世帯当たりのアイスクリーム購入額（総務省：家計調査）です〔2010年～2019年：東京都のデータ〕。

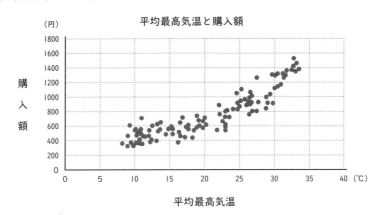

（Q1）花子さんは上の図を見て，アイスクリーム購入額は平均最高気温の2乗に比例した関係に近いと考え，平均最高気温が10℃，アイスクリーム購入額が400円の点を原点とした $y = 2x^2$ のグラフをかこうとしています。上の図に，x軸とy軸，グラフを書きましょう。

平均最高気温	（℃）	10	15	20	25	30	35
気温 x	（℃）	0	5	10	15	20	25
金額 y	（円）						
アイスクリーム購入額（円）							

（Q2）花子さんは（Q1）で書いたグラフより上側に点が多くある場合にアイスクリームがより購入されていることから，アイスクリームを食べたくなると考えました。この考えにもとづくとき，あなたはアイスクリームを食べたくなる気温は何℃だと考えますか，自分で設定しましょう。

私は　　　　　　℃だと考えます　〔理由〕

「三角形と比」～エスカレーター問題

授業中の生徒の姿

学習した事柄を用いて AP の長さを求める

終了時の生徒の姿

点Pを動かした場合の平行線と比の関係を捉える

本時の位置づけ＆進行上の工夫

　本時は，三角形と比の課題学習として扱うことができます。もし，ICT 機器で点Pが直線AB 上を自由自在に動かせるソフトを準備できれば，相似の考えを用いて長さを求める図形の問題が相互に関連していることを実感させられます。点Pが動くにつれて AP が変化する様子，そして，相似の関係が保たれている様子を観察し，分析する姿勢を継続させるようにします。

学習の流れ

- □　フリップと授業ワークシートで課題を全体確認して，（Q）に取り組む
- □　（Q）の求め方を全体で共有する
- □　点Pの動きに対する AP の変化を議論する
- □　点Pを動かした場合の平行線と比の関係を議論する

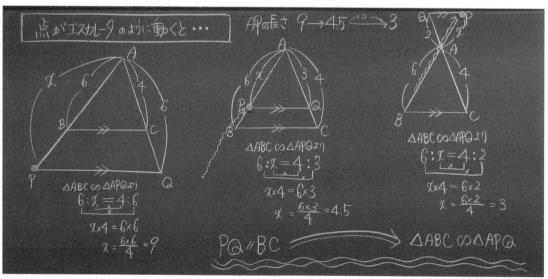

点が動くと…

3年（　　）組（　　）番　名前（　　　　　　　　　　　　　）

（Q）右の図において BC // PQ であり，
　　AB＝6，AC＝4，AQ＝6とするとき，
　　AP の長さを求めなさい。

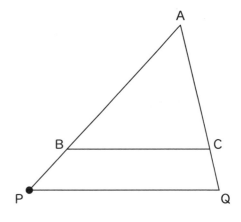

［点 P を BA 上に動かして］
　次の図において BC // PQ であり，
AB＝6，AC＝4，AQ＝3とするとき，
AP の長さを求めなさい。

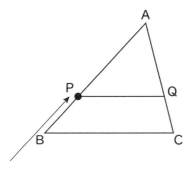

［点 P を BA の延長線上に動かして］
　次の図において BC // PQ であり，
AB＝6，AC＝4，AQ＝2とするとき，
AP の長さを求めなさい。

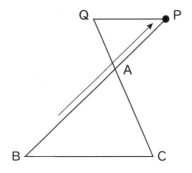

「三角形と比」〜お札を3つ折りする方法

授業中の生徒の姿 　3：1の比が千円札のどの長さの比に現れるかを探る **終了時の生徒の姿** 　千円札の3つ折りになる根拠を筋道立てて説明できる

本時の位置づけ＆進行上の工夫

　本時は，3年における三角形と比のまとめの学習として扱うことができる教材です。まず，お年玉袋や千円札などの実物を準備して，リアルな話題として教材を提示できれば，生徒たちが学習する意欲を増大することにつなげられます。次に，全体で共有する際には，図を使った説明で複数の生徒たちに何度も説明させる場面を設定します。そのことによって，根拠となるアイデアを確認させるとともに，よりよい説明の仕方についても考えさせるようにします。

学習の流れ

　□　課題を全体で確認する

　□　授業ワークシートで（Q）に取り組み，周りと交流する

　□　全体で共有した後，授業ワークシートに解説をまとめる

　□　練習問題と振り返りをする

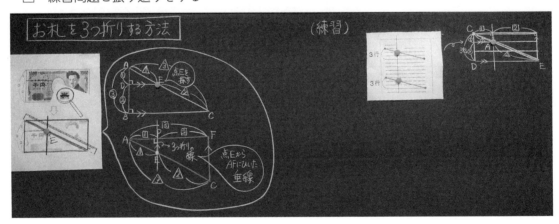

お札を３つ折りする方法

3年（　　）組（　　）番　　名前（　　　　　　　　　　　　　　　）

（Q）次の図の1000円札はイラストです。太郎くんは，実物の1000円札を見て，「券」の文字の７画目の横線が，札の上下の横線と平行で，１：２に分ける線になっていると考えました。次に太郎くんは，千円札の枠を長方形と見て，長方形の対角線上に定規を，図のように置きました。そして，太線の３つ折り線を決めました。この方法で1000円札を３つ折りできる理由を説明しなさい。

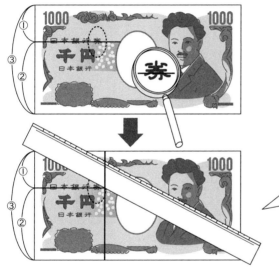

［解説］

（練習）花子さんは筆箱を右の図の斜め線のように２度置けば，ノートの横線を使って点Ａ，Ｂを決め，ノートを縦に３等分する線が書けると考えました。この方法で書ける理由を話し合いましょう。

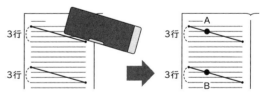

［振り返り］
１　ふきだしに，自分なりに解説できた。（ ◎・○・△ ）
２　解説できたポイントの部分を□で囲みましょう！

「中点連結定理」〜中点を結んでできる図形

授業中の生徒の姿

対辺の等長性や平行性，対角の大きさの関係などからできる図形を探る

終了時の生徒の姿

平行四辺形になる根拠を最もわかりやすい方法で筋道立てて説明できる

本時の位置づけ＆進行上の工夫

　本時は，3年における中点連結定理のまとめとして扱うことができる教材です。まず，ICT機器やフリップを準備して，四角形 ABCD を自由自在に変形させれば，四角形 ABCD を三角形や凹四角形に変形するなど，様々にアイデアが出ます。次に，全体で共有する際には，補助線を1本あるいは2本引く場合など，様々に説明する方法があります。そこで，複数の生徒たちの説明を聞くことで，根拠となるアイデアを確認するとともに，よりよい説明の仕方についても考えさせるようにします。

学習の流れ

☐　もとの四角形 ABCD を自由自在に変形させて，中点を結んでできる図形を予想する

☐　予想を全体で共有した後，課題を全体で確認する

☐　授業ワークシートで（Q）に取り組み，周りと交流する

☐　全体で共有した後，授業ワークシートに解説をまとめる

☐　練習問題と振り返りをする

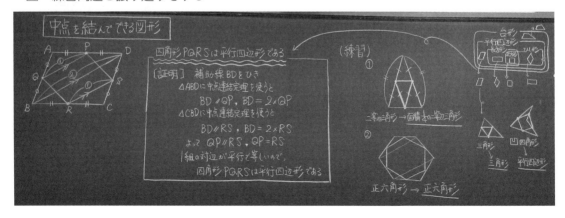

中点を結んでできる図形

（Q）平行四辺形 ABCD の各辺の中点を結んでできる図形の名前を答えなさい。

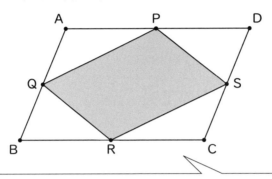

［解説］

（練習）　①　二等辺三角形 ABC の各辺の中点を結んでできる図形は？

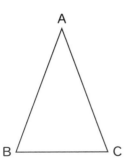

②　正六角形 ABCDEF の各辺の中点を結んでできる図形は？

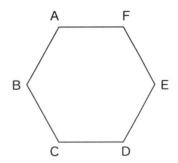

［振り返り］

1　ふきだしに，自分なりに解説できた。（ ◎・○・△ ）

2　解説できたポイントの部分を□で囲みましょう！

「円周角の定理」〜動点問題

授業中の生徒の姿

　点Pが動いたそれぞれの場合の角の大きさを予想し，比較しながら探る

終了時の生徒の姿

　点Pが動いた場合の角の大きさの推移を捉える

本時の位置づけ＆進行上の工夫

　本時は，単元「円」の導入として扱うことができます。まず，ICT機器あるいはフリップで点Pを動かせる図を準備します。授業を展開する際には，点Pが動いたそれぞれの場合の角の大きさを予想させます。このことで，生徒たちの角の大きさの推移を分析する意欲が増大します。角の大きさを予想する際に，生徒たちの根拠を定める姿勢を大切にしながら授業を展開します。

学習の流れ

- □　フリップで点PをQ⇒R⇒S⇒T⇒Uと動かしながら（Q）を全体確認する
- □　授業ワークシートで∠APBから∠AUBの大きさについて考える
　　　予想する　→　自力解決する・仲間と議論する　→　振り返る
- □　点PがQ⇒R⇒S⇒T⇒Uと動いた場合の角の大きさを全体共有する
- □　点Pが動いた場合の角の大きさの推移を議論する

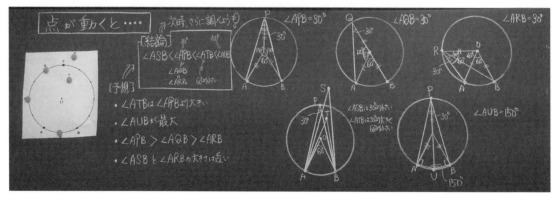

点が動くと…

3年（　　）組（　　）番　　名前（　　　　　　　　　　　　）

□　次の図は円Oの円周を12等分して，点A，Bの位置を決めています。

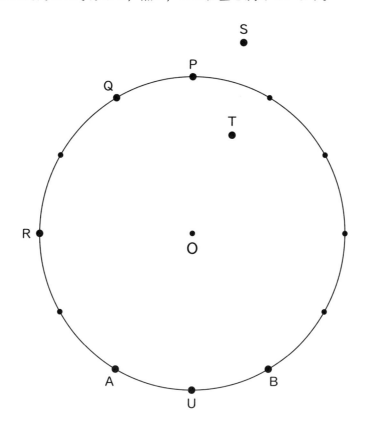

（Q）∠APB，∠AQB，∠ARB，∠ASB，∠ATB，∠AUB の大きさについて，大きい順に並べなさい。

「円周角の定理」~星形多角形

授業中の生徒の姿

角の和を既習の学習内容をもとに探る

終了時の生徒の姿

最もわかりやすい方法で筋道立てて説明できる

本時の位置づけ＆進行上の工夫

　本時は，円周角の定理のまとめの学習として最終段階に扱うことができます。星形多角形は，自由な発想で取り組ませることによって，生徒たちがアイデアを多様に現出できる教材です。そこで，補助線の引き方やそのアイデアの源について議論させるようにします。また，答えを導く過程をわかりやすい方法で周りの仲間に説得できるように，筋道立てて説明する視点ももたせたいところです。

学習の流れ

□　課題を全体で確認して，答えを予想する

□　授業ワークシートで（Q1）に取り組み，周りと交流する

□　全体で共有した後，授業ワークシートに解説をまとめる

　（アイデア例）補助線を引いて三角形に角を集める，円の中心に角を集める

　　　　　　　正星形五角形の角，くさび形の角の和

□　授業ワークシートで（Q2）に取り組み，周りと交流する

□　全体で共有した後，振り返りをする

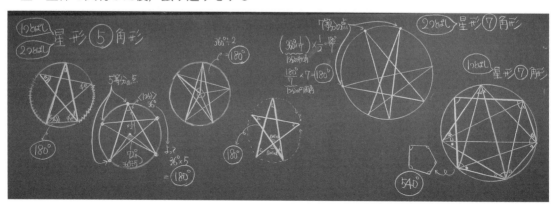

星形の多角形

3年（　　）組（　　）番　　名前（　　　　　　　　　　　）

（Q1）印をつけた5つの角の和を求めなさい。

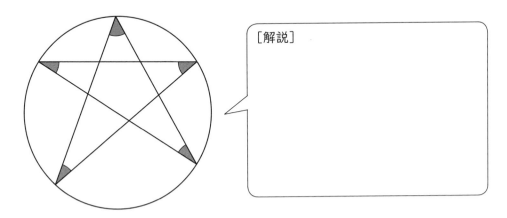

［解説］

（Q2）印をつけた7つの角の和を求めなさい。

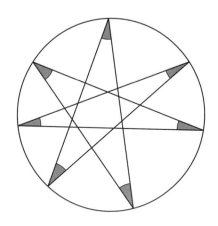
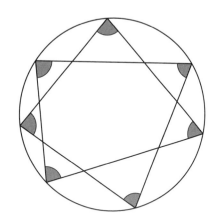

［振り返り］
1　ふきだしに，自分なりに解説できた。（ ◎・○・△ ）
2　解説できたポイントの部分を□□で囲みましょう！

「三平方の定理」〜ロープウェー問題

　三平方の定理を利用してロープウェーの長さが求められることに気づく
　等高線入り地図やロープウェーの速度から乗車時間がわかることを説明できる

本時の位置づけ＆進行上の工夫

　本時は，3年における三平方の定理のまとめとして最終段階に扱うことができる教材です。まず，ロープウェーのお話や等高線入り地図を準備して，リアルな話題として教材を提示できれば，生徒たちが学習する意欲を増大することにつなげられます。次に，直角三角形を活用するアイデアによって直接測定できないものの長さを，三平方の定理を利用して間接的に求められることを全体で共有します。また，ロープウェーの乗車時間が概算によって求められる数学のよさも味わわせたいところです。

学習の流れ

　□　課題を全体で確認する
　□　授業ワークシートで（Q1），（Q2）に取り組み，周りと交流する
　□　全体で共有した後，振り返りをする

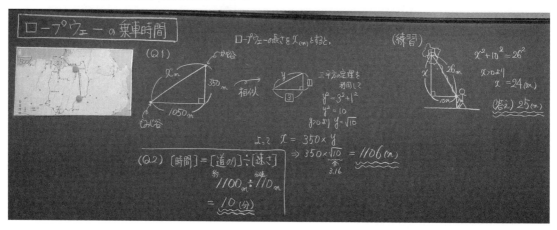

ロープウェーの乗車時間

3年（　　）組（　　）番　名前（　　　　　　　　　　　）

□　花子さんは，宮島ロープウェーに乗って弥山に登る計画をしています。下の地図を見ると，紅葉谷駅から榧谷駅までの水平距離は約1050m，垂直距離は約350mです。

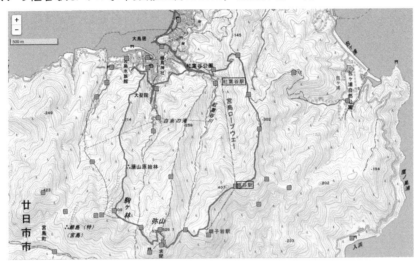

（国土地理院2万5千分の1地形図に紅葉谷駅と榧谷駅は□で囲んで修整）

（Q1）ロープウェーが直線であると考えると，ロープウェーの長さは何mですか。

　　　　ただし，√10 ＝3.16として計算しなさい。

［解説］

（Q2）ロープウェーの平均速度は分速110mです。ロープウェーの乗車時間は何分ですか。

［振り返り］
1　ふきだしに，自分なりに解説できた。（ ◎・○・△ ）
2　解説できたポイントの部分を□で囲みましょう！

「標本調査」の利用〜英和辞典の見出し語数

> **授業中の生徒の姿**
>
> 見出し語数を予測できる標本の大きさを探る
>
> **終了時の生徒の姿**
>
> 根拠を示しながら見出し語数を捉える

本時の位置づけ＆進行上の工夫

　本時は，標本調査の学習のまとめとして最終段階に扱うことができます。実物で同じ種類の辞典を生徒たちに準備できれば，班ごとに限られた時間で見出し語数を予測する方法を考え，実際に調査する活動が設定できます。また，その際には電卓が必要になります。さらに，授業ワークシートを使って，およその数を知りたい場合の標本から全数を予測するアイデアを確認します。本時によって，その後の社会生活や高校数学にもつなげたいところです。

学習の流れ

- ☐　英和辞典を使って課題を全体で確認した後，班隊形にして見出し語数を予想する
- ☐　5分の時間を使って班で見出し語数を予測する方法を話し合う
  （アイデア例）1000語で何ページか，50ページで何語か，1つ分の"つめ"に何語か
- ☐　見出し語数を予測する活動を行う（データ集計を含めて10分）
- ☐　班ごとに見出し語数と活動方法を発表した後，全体で議論する
- ☐　授業ワークシートを使って考えた後，周りの生徒と交流する
- ☐　全体で議論した後，授業ワークシートにまとめる

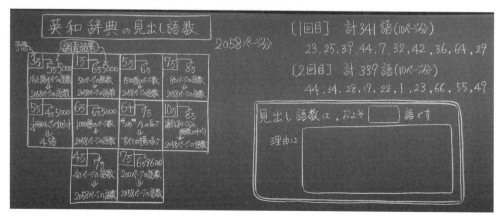

英和辞典の見出し語数

□　花子さんは，英和辞典で英単語の意味を調べている途中，辞典に紹介されている英単語の数に興味をもちました。そこで，この英和辞典の見出し語のおよその数を求めようと考え，次のようなデータを得ました。

（英和辞典では，見出し語が英語の単語や用語を太字などで見やすく表してあり，その後に単語や用語の意味などが日本語で説明されています）

〔得たデータ〕

□　総ページ数は2058ページあった

□　無作為に10ページ分の見出し語の数を数えると

23，25，39，44，7，32，42，36，64，29（1回目）であった

□　もう一度，無作為に10ページ分の見出し語の数を数えると

44，34，28，17，22，1，23，66，55，49（2回目）であった

（Q）花子さんは，10ページ分の見出し語の合計が1回目と2回目で大きく違いがなかったため，得たデータから英和辞典の見出し語数を予測することにしました。およその見出し語数を求めなさい。

見出し語数は 約　　　　　　　　　　　　　語　である

〔理由〕

【著者紹介】

天野　秀樹（あまの　ひでき）

昭和51年1月27日	愛媛県松山市生まれ
平成12年3月	広島大学大学院学校教育研究科修士課程修了
平成12年4月～	広島市内の公立中学校教諭
平成25年4月～	広島大学附属東雲中学校教諭（現在，主幹教諭）

これまでに中国・四国算数・数学教育研究大会や広島県算数・数学教育研究大会，広島県学力向上総合対策事業等で指導助言者を務める。また，中学校の教科用図書（東京書籍『新しい数学』）の執筆者を務める。現在，広島県中学校数学教育実践研修会を運営し，広島県内の中学校数学教師とともに研鑽している。

〔本文イラスト〕木村美穂

中学校数学サポートBOOKS

中学校数学科　「見方・考え方」を働かせる
7つの指導術&授業ワークシート

2021年9月初版第1刷刊 ©著　者	天	野　秀	樹
発行者	藤	原　光	政
発行所	明治図書出版株式会社		

http://www.meijitosho.co.jp

（企画）赤木恭平（校正）奥野仁美

〒114-0023　東京都北区滝野川7-46-1
振替00160-5-151318　電話03(5907)6701
ご注文窓口　電話03(5907)6668

＊検印省略　　　　　組版所 藤 原 印 刷 株 式 会 社

Printed in Japan

ISBN978-4-18-353111-7

もれなくクーポンがもらえる！読者アンケートはこちらから →

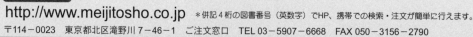